PRACTICE AND
THINKING
on Management of
Power Supply Enterprises

供电企业管理实践与思考

何朝阳 ◎著

知识产权出版社
全国百佳图书出版单位
——北京——

图书在版编目（CIP）数据

供电企业管理实践与思考 / 何朝阳著. — 北京：知识产权出版社，2023.1
ISBN 978-7-5130-8482-6

Ⅰ. ①供…　Ⅱ. ①何…　Ⅲ. ①供电—工业企业管理—研究—中国　Ⅳ. ①F426.61

中国版本图书馆CIP数据核字（2022）第222367号

责任编辑：杨　易　　　　　　　　　　责任校对：谷　洋
封面设计：春天书装·郑重　　　　　　责任印制：孙婷婷

供电企业管理实践与思考
何朝阳　著

出版发行	知识产权出版社有限责任公司	网　　址	http://www.ipph.cn
社　　址	北京市海淀区气象路50号院	邮　　编	100081
责编电话	010-82000860转8789	责编邮箱	35589131@qq.com
发行电话	010-82000860转8101/8102	发行传真	010-82000893/82005070/82000270
印　　刷	北京九州迅驰传媒文化有限公司	经　　销	新华书店、各大网上书店及相关专业书店
开　　本	720mm×1000mm　1/16	印　　张	8.75
版　　次	2023年1月第1版	印　　次	2023年1月第1次印刷
字　　数	127千字	定　　价	58.00元
ISBN 978-7-5130-8482-6			

出版权专有　侵权必究
如有印装质量问题，本社负责调换。

前 言

电力工业是国民经济发展中的基础能源产业。作为国家能源产业链的重要环节，供电公司在中国能源优化配置中，扮演着重要角色，承担着服务经济社会发展和人民美好生活用电的重要责任。我自 1990 年在国网襄阳供电公司参加工作以来，历经多个工作岗位，见证了供电公司在时代发展中的强劲能量和日益壮大。国网襄阳供电公司是隶属国网湖北省电力有限公司的国家大型一类供电企业，供电区域面积 1.97 万 km²，供电人口 527 万人。2021 年售电量 160 亿 kWh，资产 113 亿元。

本书收集了我在历年工作中的管理实践案例与思考，选取供电安全管理、经营服务、企业党建等多个类别，涵盖自然科学和人文知识两个方面，是经过市县供电公司实践检验的工作成果。在安全生产方面，通过生产精益化管理、标准化安全作业，建设本质型安全供电企业。在电力服务方面，建设供电服务指挥体系，以客户需求为导向，整合资源，畅通渠道，优化流程，提升供电服务水平。在企业党建方面，以政治素质建设、最美企业文化等为抓手，锻造优秀党员干部，聚合党组织力量，不断推动公司高质量发展。本书契合我国电力工业发展时代背景，反映国家能源政策在基层落地落实情况，以及电力工业改革发展历程中的点滴变化。

本书案例反映了供电企业管理的一般规律，可供市县供电公司经理、供电所主任、党务工作者等管理人员参考和借鉴，亦可作为供电公司新员工的培训教材，以及关心供电企业发展的社会人士的参考用书。

本书的编写得到了国网襄阳供电公司历届领导和同事、朋友和家人的帮助与支持，在此一并表示衷心感谢。由于个人阅历和写作水平有限，书中内容如有不妥之处，还望读者提出宝贵意见。

何朝阳

2022 年 12 月

「目 录」

实 践 篇
积极培育"智安文化" 推进"四个管住"落地见效　003
高效的指挥中枢 快速的响应体系　007
配网资料信息动态管理　022
配电线路维护承包管理　029
变电生产精益化管理实践　037
供电所标准化建设之南漳行动　046
"四个一"建设全能型供电所　051

思 考 篇
开展配网故障抢修精益化管理的思考　059
县级供电公司迎峰度夏（冬）工作分析与对策　067
新冠肺炎疫情带给供电企业安全管理的启示　082
"四要素"建设本质安全　088
县级供电公司面对新电改的探索和思考　092
基于数据驱动输电线路运维水平提升的思考　097
运用波士顿矩阵法保持党员干部的纯洁性　102

杂 谈 篇
标准化作业应当成为员工的职业习惯　111
浅谈如何进行安全反思　113
追 尾　117
最美在传递　119
治标更要治本　125
龙蟒输电线路工程的收获　127
凤雏故里引凤来　130

「实 践 篇」

积极培育"智安文化" 推进"四个管住"落地见效

习近平总书记在党的十九大报告中强调,"树立安全发展理念,弘扬生命至上、安全第一的思想"。安全是一切工作的基础,是企业发展的"生命线"。安全文化作为企业文化的重要组成部分,是建设本质安全型电网企业的灵魂和推动力,是安全发展不可或缺的思想武器。近年来,国网湖北省电力有限公司襄阳供电公司(以下简称襄阳供电公司)坚持"文化立企""安全固企",深化国家电网公司企业文化在安全生产领域的落地实践,以鄂电"安全你我他"为指引,借鉴襄阳历史名人诸葛亮的智慧文化积淀,结合电网企业安全生产实际,走安全路、举文化旗、打智慧牌,从"智心、智行、智策、智能"四个维度,打造具有襄阳安全文化特色的"智安文化",全力推进国家电网公司"四个管住"作业风险管控举措,为建设具有中国特色国际领先的能源互联网企业提供安全保障。

一、以人为本启智"心",为"四个管住"提供思想保障

(1)突出领智,增强"三个敬畏"意识。系统提出"敬畏生命、敬畏规章、

敬畏职责"三个敬畏意识，开展安全生产专题调研，发挥尊崇安全的示范作用，营造共保安全的和谐氛围。

（2）突出引智，实现"我要安全"转变。积极打造"智安文化库"，编撰"智安故事集"，策划开展"双基+1"培训、"襄约·月旦评"、"论道"安全等一系列活动，在安全方面形成衡量对与错、好与坏的最基本道德规范和思想，实现从"要我安全"到"我要安全"的根本转变。

（3）突出强智，坚持"双目标"理念。坚持业务目标和安全目标的"双目标"理念，在安全与质量、进度、效益、服务和发展等发生冲突时，始终将安全放在首位，并将这种价值观固化到襄阳供电公司各项管理工作和业务流程中。

二、标准作业施智"行"，为"四个管住"提供行为保障

（1）构建规范化管理体系。成立市、县两级标准化安全作业领导小组和工作机构，出台《标准化安全作业现场评价考核办法》等一系列制度文件。久久为功，十二年坚持不懈打造"三有、三无、六统一"标准化安全作业现场。

（2）制定样板化智安行为。拍摄涵盖6大专业的标准化安全作业系列教学示范片12部，其中8部由中国电力出版社出版，如下图所示。制作标准化作业指导卡（书）和简明图册。十二年来，标准化安全作业现场创建数量增长279倍。

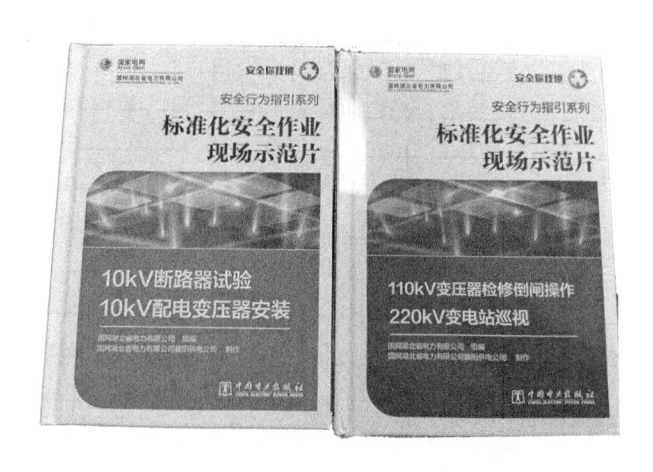

（3）建立常态化奖惩机制。开展标准化安全作业常态评价，将评价结果与薪酬分配、评先表优等紧密挂钩。2020年，兑现标准化安全作业现场奖励945余万元。

三、崇法善治用智"策"，为"四个管住"提供制度保障

（1）协同运作安全管理体系。深化"3+1"安全管理体系运作，把安全管理贯穿业务运转全过程、各环节，为安全工作提供充足支撑保障，持续完善安全保证体系、保障体系、监督体系、一体化考核工作机制。

（2）系统制定安全制度规范。出台《"四个管住"工作评价实施方案》《施工承（分）包商管理方案》《工作负责人管理方案》《"两票"管理方案》等一系列安全制度规范，建立健全制度规范"硬约束"。2020年，2个班组被评为国家电网公司"自主安全管理能力提升试点示范班组"，动态评价Ⅰ至Ⅳ类工作负责人1500余人，1个施工项目部、105名外包人员被禁入，1个监理项目部、2名监理人员被纳入"黑名单"。

（3）综合运用激励约束机制。全面落实领导干部"1223"履责要求和包保责任。推动薪酬待遇向安全生产一线倾斜，2020年安全投入2400万元，其中安全奖励800万元。秉持"精准稽查、教胜于罚；爱心稽查、刚柔并济"理念，2020年，处理违章作业310起，处罚54万元，6名员工因恶性违章年度绩效等级降为D级。

四、科技创新赋智"能"，为"四个管住"提供技术保障

（1）创新"智慧安监"。着力打造"人力更省、管控更严、质效更好"的智慧安监体系，建设"1+7"市、县两级安全监管中心，配置43名安全监管人员，深化安全生产风险管控平台应用，配备安全智能设备3370套。开展安全大数据分析，运用计划执行率、到岗到位率等8类数据，为遏制事故苗头、堵住管理漏洞提供决策支撑。

（2）创新"智慧运维"。积极构建"信息自动采集、状态自动感知、故障自动定位"的智慧运维体系，深化输电智慧监控中心和变电集控站运转，开发吊车防碰线智能预警系统，在16座重点枢纽变电站部署智能巡检机器人，覆盖安装各类配电自动化终端4242套，实现关键设备自主可控、安全可靠。

（3）创新"智慧工地"。努力创建"全息感知、全面可视、全程管控"的智慧工地体系，在220kV牛首变电站、110kV苏岭变电站试点建设"智慧工地"，研发使用"二级电源箱用电违规监测"，并在国家电网公司基建全过程综合数字化管理平台建设成果中展示。

随着"智安文化"建设不断走向深入，"四个管住"有效落地。2020年以来，襄阳供电公司管控作业计划9.14万项，居全省前列；对117家外包队伍、49家施工项目部、1750名外包人员实行动态评价；374人获得省公司安全技术等级一、二级认证，全员安全考试合格率99.91%。标准化现场创建数量同比上升71%，安全监管效率提升39倍。襄阳供电公司检修分公司安全管理办公室主任说："智安文化建设，培养了一批会管理、懂技术、有能力的安全生产'明白人'，牢牢抓住了安全管理核心要素。"襄阳供电公司首届技能五级职员说："标准作业施智'行'，我们坚持创建标准化现场，不仅有效管住了现场安全，而且一线员工有奖励，大家共保安全的积极性很高。"

"智安文化"，是襄阳供电公司多年来安全文化建设实践成果，已成为其安全文化的重要组成部分，受到国家电网公司安监部高度评价和重点关注。襄阳供电公司被省公司评为"Ⅰ类安全生产突出贡献单位""标准化安全作业优秀单位"。截至2021年8月31日，襄阳供电公司3265天的连续安全生产纪录还在续写。

高效的指挥中枢　快速的响应体系

一、概述

樊城供电公司[①]坐落在美丽的汉水之滨,负责樊城区、鱼梁洲经济技术开发区约 600km² 81 万人口的生活和工农业生产的供电服务工作,负责 10kV 及以下的配电线路和设备的运行管理,承担着为经济社会发展提供坚强电力保障的基本使命。樊城供电公司下设 8 个部室、7 个供电营业所、运维工区及电气工程部等 14 个二级单位。年售电量 12 亿 kWh,连续三届被评为省级最佳文明单位。

长期以来,樊城供电公司致力于建设结构合理、技术先进、安全可靠、适当超前的现代化城市电网。截至目前,樊城供电公司管辖 10kV 开关站 2 座、10kV 线路 599.981km,配电变压器总容量为 719640kVA/1802 台。城

---

① 1999 年 10 月,成立襄樊供电局樊城供电分局。2003 年,更名为湖北省电力公司襄樊樊城供电公司。2010 年 11 月,撤销樊城供电公司,成立襄阳供电公司配电中心。本书各篇文章在不同年份撰写,故单位名称采用时名。

区10kV线路已实现了"手拉手"供电和绝缘化的格局。

樊城供电公司以四个服务为宗旨，秉承"努力超越，追求卓越"的企业精神，内强素质，外塑形象，全力构建以"爱心、平安"为基础的安全文化，以"和谐、优质"为基础的服务文化，以"正气、精细"为基础的营销文化，努力塑造具有樊城供电公司特色的自信、拼搏、向上的企业文化。

二、实施背景

2008年，樊城供电服务指挥中心（以下简称供指中心）还只是樊城供电公司的95598远程服务工作站。那时，服务、营销、生产是平行管理的模式，接到一张报修工单，需要横向协调、纵向部署，与现在相比，可能要多打5个以上的电话，协调时间可能多于抢修时间。

随着电力客户对供电质量和供电服务期望值的不断提高，供电服务工作不断面临新的压力和挑战。如何满足新形势下电力客户不断增长的新需求，如何切实践行"优质服务是电网企业生命线"精神，进一步提升服务水平，获得客户的肯定和认同，是供电企业探索和不懈追求的目标。

樊城供电公司以客户需求为导向，着力打破生产、营销平行管理的传统模式，创立新思路。公司"走出去，请进来"，变"难题"为"课题"，组织赴山东济南、广西南宁学习兄弟单位先进经验。在充分探索、求证的基础上，公司以建立"畅通、高效、快速反应"的供电服务体系为指导思想，持续提高供电服务质量，改善服务硬环境，增强服务软实力。在现有技术条件的基础上，以公司客户服务中心95598远程服务工作站为雏形，建设供电服务指挥中心，旨在全面整合生产、营销现有资源，畅通服务信息渠道，简化服务指挥流程，增强客户服务中心指挥力度，实现供电服务事件的集约化管理、监督、控制，大幅提高服务指挥效率，增强服务质量监督力度，实现供电服务事件的闭环管理，打造出全新的"大服务"格局。

三、成果内涵

供指中心成立的宗旨是：提升服务意识，提升服务水平，提升服务效率。供指中心隶属樊城供电公司客户服务中心，接收市公司客户服务中心 95598、配网调度中心和本公司应急领导小组指令，如下图所示。

供指中心按功能分为三个区：应急指挥区、监控调度区和员工休息区。

应急指挥区是公司应急指挥中心部所在，为启动应急指挥体系，制定强化应急处理机制，提高应急响应速度，完善抢修闭环管理体系提供保障。平常在这里通过每日早会、生产营销周会、月度例会，根据系统提供的各项数据，与各分管领导进行沟通，及时协调解决处理抢修中存在的问题。

监控调度区设有由 1 个 84in（1in=2.54cm）等离子无缝拼接大屏、18 个 22in 小液晶监视器屏和发光二极管（light-emitting diode，LED）条屏组成的显示墙。在这个显示墙上可同时集中整合展示监控与数据采集（supervisory control and data acquisition，SCADA）系统、配网生产管理系统、营销系统、95598 服务系统、配电变压器监测系统、营业窗口可视系统、抢修车辆全球定位系统（global positioning system，GPS）、用电现场管理系统等，显示高分辨率实时图形画面，同时通过灵活移动、扩大和缩放图形、图表窗口，最大限度地让生产营销人员共享各种实时信息，为统一指挥调度提供灵活的、直观的展示平台。供指中心对八大系统整合统一管理，及时有效沟通、监控、指挥全公司的生产抢修工作，统一调动公司资源，从而提升供电服务系统的速度。

员工休息区配置休息床铺、空调、热水器、微波炉等生活用品和独立盥洗室，营造舒适的生活环境。减压室配有简单健身器材、色调温馨的沙发、人物挂图等，供员工工作繁重或受委屈时减压，调整其精神状态。

供指中心的最大特点就是生产营销统一的指挥信息平台，整合生产、营销资源，全面掌握公司生产、经营、服务等全方位信息，提升信息的利用效率，加强供电服务的闭环管理、过程控制，实现规范化、精细化和信息化的服务管理，形成全公司浓厚的大服务氛围。

供指中心的服务模式可以总括为"144"模式，即通过一个生产、营销、服务信息整合的平台，实现"受理一个口、指挥一个脑、信息一个网、考核一支笔"的"四个一"服务管理模式，提升窗口、现场、远程、管理"四个服务水平"。

"四个一"是指：受理一个口，统一接收上级公司95598工单及配网调度指令，受理客户报修和咨询；指挥一个脑，统一发布日常服务和应急服务指令；信息一个网，统一显示各系统实时数据，全面提供服务信息；考核一支笔，统一提供服务考核依据，监督服务流程的全过程。"四个服务水平"提升是指：全球定位系统及时掌握现场服务进程，实现现场服务水平提升；营业窗口可视系统实时掌握窗口服务动态，实现窗口服务水平提升；根据各系统的数据信息综合分析，3min内对信息进行甄别、筛选、判断，实现远程服务水平提升；通过同一平台对各大系统信息综合分析，及时改进本专业在服务过程中存在的问题，实现管理服务水平提升。

供指中心投入运行以来，樊城供电公司故障率大幅下降，服务满意率达到100%。在市公司组织的第三方满意度调查活动中，樊城供电公司在被调查走访的10个供电公司中名列前茅。

四、具体做法

供指中心高效运转，需要建章立制、人才培养、物资供应等多方面的保障。为确保供指中心核心地位，樊城供电公司制定供指中心管理办法，规范服务流程；启动服务早会、周会、月度例会制度，定期召开生产碰头会，实现生产、营销人员有效沟通；开展"五个一"素质提升工程，举办服务礼仪培训、技能比武、岗位练兵竞赛，培养生产、营销高技能人才；建立"专家座席"制度及"95598联动演练"，提供客户代表、现场工作人员、业务专家三方有效沟通的平台；设计、购置"流动营业厅""电力抢修装备车"，保障车辆、物资供应充足及时。

供指中心是营销、生产高度统一的信息指挥平台，形成了高效的指挥中枢、快速的响应体系，主要采取了以下六项措施。

（一）构建组织体系

供指中心隶属樊城供电公司客户服务中心。

设樊城供电公司一位副总经理为分管领导，由纪检专责、分管主任、营销部优质服务专责、生产技术部优质服务专责、95598班长、生产技术部配网信息中心网络专责，组成中心领导集体，由95598工作站5名24h值班人员组成常态化工作机制。这个组织体系在客户服务中心分管主任的统一领导下，负责中心管理制度的制定，负责中心的服务功能的拓展，负责所有来电来访单位或人员的接待，负责常态化工作的各种台账、记录的整理和归档。

组织体系涵盖樊城供电公司涉及服务的纪委、营销、生产、客户服务中心等相关职能部门，形成服务信息的有效沟通、服务指令的有效传达，减少了横向协调的时间，避免了平行管理下信息不畅、政令不通的局面，有效提升了服务响应速度。

（二）实施闭环管理

定期召开早会、周会及月度例会，形成服务有督办、有落实的闭环管理模式。

早会：由纪委牵头，纪委、营销、生产分管副总与分管主任轮流值班，每天早上 8:15 在供指中心召开早会，对每天出现的服务问题进行汇总、分析。早会上反映的问题，由相关职能部门进行总结、督办。各相关单位部室或二级单位将督办工作进行反馈，并在次日早会时进行通报。

周会：由纪委牵头，营销部、生产部、供指中心、各营业站所、运行维护工区参加会议，每周五早上在供指中心召开周会，对每周出现的优质服务问题进行汇总、分析、通报。同时对周会上反映的问题进行总结，对涉及各相关部室或二级单位的服务工作进行督办。然后各相关部室或二级单位将督办工作进行反馈，并在下周周会时进行通报。

月会：每月 10 日前在供指中心召开月会，对上月出现的优质服务问题进行汇总、分析、通报，并对月会上反映的问题进行总结，将出现的问题纳入优质服务月度考核。对审核确认后的考核结果进行考核结果实施。

通过每日早会、生产营销服务每周会、月度例会，根据系统提供各项数据，与各分管领导进行沟通，及时协调解决处理生产、经营、服务中存在的问题，实现真正意义上的大营销、大服务。同时，作为应急供指中心，启动应急指挥体系，制定应急处理机制，完善服务闭环管理体系，解决报修难的问题。

（三）应用数据系统

1. 科学分析

通过营销、生产八大应用系统提供的数据、分析，缩短了故障判断的时间，有效提升了服务效率。

以下举例说明。当95598客户服务系统接到客户的报修后，分四步来完成故障判断。

第一步，先进入电力营销系统调出客户档案，掌握客户所在区域、所接线路，以及所接配电变压器的信息，判断客户是否欠费停电。

第二步，根据客户所在线路，进入调度SCADA系统，查看所属线路运行情况，并可通过负荷分析判断线路是否故障。

第三步，根据客户配电变压器信息，调出配电变压器监控系统，查看客户所属配电变压器运行情况，通过对电流、电压负荷曲线的对比分析，判断配电变压器是否出现故障。

第四步，根据判断出的故障类型派发工单。

以前，供指中心值班客户代表往往根据现场工作人员反馈的故障信息进行派单，很多时间花费在往返路上。据统计每月均有20起左右的工单因故障信息不准确造成下派错误，引起多个单位多次到达现场，平均每起故障需2次到达现场方可解决。2008年成立供指中心之后，平均每起故障仅需1.1次到达现场即可解决问题。通过数据分析，这四步工作大约可在3min内完成，大大提升了服务效率。

2. 卫星定位

通过抢修车辆全球定位系统，可以掌控抢修车辆所在区域、出发时间、到达时间、现场处理时间及处理完毕回来的时间，及时反馈抢修信息。

3. 抢修车辆

配合供指中心建设，为更有效地提升服务效率，加快服务响应速度，樊城供电公司自行设计、改装、配置了电力抢修车，实现抢修车辆的精益化管理。

改装的抢修作业装备车内设置了安全工具区、施工机具区、备品备件区及办公作业区。规范抢修车辆装备、投运配网故障抢修车的主要优点：一是缩短时间。樊城辖区内故障类型较多，抢修人员经常携带工器具不齐全，每个现场至少往返三趟，有抢修车后，减少了材料、设备、工具准备时间，也不再需要多次往返，有效缩短了抢修时间。另外，车内的办公作业区设置办公桌椅，方便抢修人员填写工作票，同时考虑了无线网络、办公设施接口、电源，为实现网络报票、线路台区运行数据查询分析、无纸化办公提供条件，有效提高了故障抢修办工作票的效率。二是定置管理。对抢修必备的工器具、基本试验设备、备品备件随车携带、定置管理，减少工具、备品备件绝缘层的破损，避免故障抢修过程中因备品备件不齐、工具磨损造成的抢修过程中设备装置性违章、行为性违章。同时通过定置管理，实现了抢修工作结束后工具的二次清理，确保现场无工具遗留，保证了设备的安全可靠投运。三是节约成本。节约车辆管理、油费等成本费用。四是规范行为。抢修车上安装了GPS，可以随时掌握它的出行轨迹情况。

抢修车还配置了应急发电车，由过去人工隔离故障、抢修、恢复供电向自动隔离故障、重要客户应急供电、抢修、恢复供电转变，加快恢复供电的反应速度，减少故障停电时间，缩小停电范围。电力抢修车已获得国家专利，并在全省范围内进行推广，如下图所示。

（四）制定服务预案

樊城供电公司目前有一套完整、严谨的服务预案体系，涵盖安全、生产、营销、服务、网络等全方位。针对各类情况，不管是重要节假日或是突发情况，都制定了分类、分级服务预案。

2009年的夏天特别热，从7月17日以来，樊城辖区最高负荷和日工单纪录频频被刷新。7月17日，最高负荷突破259MW，日工单总量119笔，其中故障报修工单达64笔；7月18日，最高负荷264MW，日工单总量197笔，其中故障报修工单达111笔。

樊城辖区用电负荷大幅攀升，为保障电网安全度夏，持续维护良好的安全生产局面，樊城供电公司第一时间启动应对持续高温天气预案，确保樊城配网电力可靠供应。95598迎峰度夏值班预案是樊城供电公司众多措施中的一个。此次值班备班分两部分：一是备班值班人员，其主要职责是协助供指中心值班代表接电话、派工单、记录台账。二是信息员，其主要职责是收集、整理当天处理工单相关信息，按处理单位的划分，及时向各分片包点领导汇报各单位处理工作情况。如果有工作超过1h未处理完毕，及时向包点领导汇报，由包点领导进行督办。

这次备班人员由纪委、生产部门、营销部门共同组成、同时备班，实现了资源共享，形成了快速分析、快速判断、快速下令、快速回应的良好局面。

（五）启动应急指挥

供指中心的应急指挥区有一个非常重要的作用，就是当遇到特殊紧急或不可抗力的突发情况时，作为应急指挥的根据地，公司领导班子及安全部门、生产部门、营销部门、纪委、总经部、思政部等全部相关工作人员汇集在这里进行综合分析、统一发布指令，共同协调、共同调度，共同完成应急指挥。

供指中心从成立至2010年底，启动过两次应急指挥。一次是在2008年7

月22日，襄阳市遭受了百年难遇的暴雨洪涝灾害，电力故障突增，仅樊城辖区内就多达175起，樊城供电公司领导及相关工作人员汇集在供指中心进行指挥调度，所有故障在两天内处理完毕。另一次是在2009年迎峰度夏期间，供指中心再次发挥应急功能，顺利度过了高温大负荷的几个关键时刻。

（六）严格考核标准

樊城供电公司建立供指中心运行监督管理机制，完善服务监督流程，制定工作质量考核标准和考核办法，对涉及服务的各部门进行绩效考核，最终将所有涉及服务的考核纳入《樊城供电公司优质服务工作管理考核实施办法》进行统一考核。樊城供电公司以月度为考核周期，按月考核、按月通报、按月兑现。每月由营销部、生产技术部、供指中心等根据各单位的行风及优质服务工作完成情况进行评分。各考核部门以月度为单位，按考核细则发现相关问题后，及时形成每周的考核预报，在优质服务周会上进行通报，并交纪委统一放入樊城供电公司网络主页"优质服务"专栏中进行通报。

五、实施效果

供指中心的创建，实现了资源、信息共享，快捷便利服务；实现了生产维护、营销服务的融合管理，优化调度、实时监控；实现了对生产维护、用户报修、营销服务、设备运行的管理，以及事故预案的执行、事故原因快速分析和事故的及时判断处理。供指中心在纪委的监督下集服务、监控、调度于一身，对服务工作流程进行整合、再造，掌握、指挥全公司的服务工作，实现服务工作的可控、在控。变职能管理为流程管理，变结果考核为过程考核，变被动服务为主动服务，进一步提高服务质量。

（一）良好的经济效益

系统的整合，统一的管理，及时有效的沟通、监控指挥全公司的故障抢修工作，提高了抢修派单的准确性，提升了故障抢修的速度。

2008年6月至2009年12月，樊城供电公司共受理故障报修5969起，平均每天受理工单10起。以此为标准，则一年365天共有故障报修3650起。以下效益以此为标准计算。

（1）抢修时间节约62050min左右。以前往返路途与判断故障的时间可能需要20min左右，现在利用系统数据综合分析，大约可在3min内判断故障类型，按一年3650起报修计算，约可节约时间62050min，折合约1034h。

（2）供电可靠性提高0.06523个百分点。2008年5月至2009年12月，樊城供电公司可靠性指标RS-3完成99.9691%，较同期提高0.06523个百分点，故障平均停运时间由2007年同期的2.29h·a下降至1.31h·a。

（3）售电收入增加5.37万元。2008年可靠性指标得到较大提升，故障抢修平均停运时间由2007年同期的2.74h/次下降至1.81h/次，一年3650次故障抢修共可增加售电时间3394.5h，则可增加售电量8.9668万kWh，以2009年樊城供电公司售电均价598.89元/kWh计算，则可增加售电收入5.37万元，扣除299.2元/kWh的购电成本，可获得直接经济效益2.69万元。

（4）节约油料0.68万元。故障处理到达现场次数由2.2次缩短至1次。以运行维护工区的抢修值班室为圆心，以2km为半径，按现油价6.5元/L，平均油耗13L/100km计算，一年3650次故障报修的油耗共可节约0.68万元。

（5）节约人工成本144.18万元。原来一次报修可能要出动两批工作人员，可能要出动两次以上车辆。现在一批人、一台抢修车就能处理完毕，以每个抢修班3名成员，按人工日工资65元，一台车台班费200元，一年故障报修3650起计算，大约可节约人工成本144.18万元。

（6）节约通信费0.146万元。与客户打电话次数由原来的平均3次下降到1

次。如果年报修 3650 起，每次最少打 2 个电话，电话费为每次 0.2 元，则可节约通信费 0.146 万元。

若将以上各项效益综合计算，供指中心成立以后，一年约可创造经济效益 147 万元。

（二）良好的管理效益

形成以客户为导向的故障抢修服务模式，在客户用上电的基础上向少停电、不停电、用好电方面提升，向供电服务的人性化、高效、便捷等方面发展，实现了居民客户对供电部门满意率达 95%，集团客户对供电部门满意率达 100% 的目标。

（三）良好的社会效益

构建供指中心客户服务体系和服务网络。服务观念的转变、服务方法的创新、服务能力的提高、服务行为的规范，提升了企业社会形象。追求效益的最大化，使企业获得更大的进步，从而不断增强企业的综合实力，进一步提高核心竞争力，为优质服务提供持久有力的支撑，共建一个和谐的内外部环境，彰显企业形象。

供指中心的有效运转，成为对外代表客户利益、对内代表樊城供电公司最高指挥权威的综合服务指挥中枢，从而达到"融客户的服务需求和公司的服务追求于一体"的目标，实现公司利益与客户利益的无缝融合，公司追求与个人价值的和谐统一。

【案例 1】防汛抗险快速反应，成效显著

2008 年 7 月 21 日 19 时，襄阳市区普降大到暴雨，且持续时间较长，至 7 月 22 日凌晨 1 时，市区内涝严重汛情紧急，樊城供电公司借助供电服务指挥平台，圆满完成了防汛抗险工作的服务指挥调度工作。

樊城供电公司成立防汛领导小组，第一时间启动应急预案，召开了防汛抢险动员会，组织人员对所有的供电设备进行了安全巡视检查，特别是地基不牢的电力设施，均安排了专人巡视，掌握动态情况，随时抢修。除第一时间备足电力设施备品备件外，还要备足麻袋等抢险物资，确保救灾物资的及时供给。在发生险情时要实行有效的停电措施，防止人身触电伤亡事件发生，险情解除后，要及时恢复供电。第一时间成立防汛抗洪抢险队。

防汛领导小组通过大屏幕观看应急指挥车实时传递的现场图像，利用集群电话及时发出指令，指挥应急抢险工作。从大屏幕上可以清晰地看到安装 GPS 的抢修车辆，接到指令后迅速向灾区集结。小组其他成员积极协调物资、人员、车辆，及时对现场抢修人员提供技术及物资支持，确保抢修工作有序进行，并及时将故障抢修情况上报。

此次是供指中心创建以来第一次启动应急预案，抗灾排险效果初显。

2008 年 7 月 23 日凌晨 2 时左右，樊城供电公司防汛领导小组仍在供指中心坐镇。此时正是深夜，95598 呼叫系统的工单提示音响起的频率越来越低，供指中心出现了片刻的安静。当时仍在值班的公司总经理向在座的值班工作人员提出了一个问题："这次是供指中心创建以来第一次启动应急预案，大家有何感想？"防汛小组的每一位工作成员，作为这次应急预案工作的直接参与者，都有颇深的感触。在场的每一位工作人员都积极发言，并展开热烈讨论。简短总结归纳起来，供指中心在这次工作中的作用体现为"六个集中"。

一是空间集中，相关工作人员工作起来，宽敞方便。

二是人员集中，省去中间电话转接流程，省时省力。

三是信息集中，所有相关信息汇总处理，便于分析。

四是办公集中，人员信息汇总显示分析，不会遗漏。

五是决策集中，将工作按轻重缓急分类，通盘考虑。

六是调度集中，人员车辆进行分工协作，统筹安排。

从 7 月 22 日零时至 7 月 23 日 22 时，供指中心共受理工作任务 173 起，已完工的工作任务有 161 起。截至 7 月 24 日 16 时，所有公用变压器、专用变压器均恢复送电。截至 7 月 24 日 8 时，樊城供电公司共出动车辆 57 辆，抢修人员 238 人，在保证电网灾情恢复的同时也加强生活、生产区域灾情的防范，充分发挥防汛物资作用，樊城供电公司 12 条故障线路经过 47h 奋战后全部恢复送电。

【案例 2】抢修人员到达现场规范管理

暗访是市公司提升优质服务质量的一个重要手段，因此，樊城供电公司会对窗口人员、现场抢修人员、相关服务人员进行暗访，并将暗访结果在周会上进行通报。

利用供电服务指挥平台，通过车辆全球定位系统，可以清楚看到抢修车辆处于何处，下单派工后，抢修车辆是否及时出发、是否及时到达现场、是否及时回单，95598 的客户代表都能坐在供指中心完全掌控。这对规范现场抢修人员到达现场的时间起到很好的监督作用。

2008 年 5 月的一个休息日，19 时正好是晚饭时间，因此，樊城供电公司暗访小组对运维工区抢修服务进行暗访，并通过供电服务指挥平台的监控系统对抢修车辆进行监控。整套流程下来，暗访的结果及主要数据如下：

19：00 暗访小组模拟现场故障提出报修。

19：01 依据工作内容性质，派单给运维工区抢修值班人员。

19：06 抢修车辆出发，中间用了 5min 的时间整理工具、整理衣装。

19：26 抢修车辆到达现场。所选的目的地较远，约有 15min 的车程。因为 19 时左右正是下班高峰期，所以抢修车辆绕小道前来，用了 20min 时间已算很快。

19：27 抢修人员向供指中心回复到达现场。经查，抢修人员工作服、红马甲、绝缘鞋、安全帽、工作牌均穿戴整齐、规范，工具配带齐全。

【案例3】预防式服务

樊城供电公司的服务考核机制变结果考核为过程考核、变被动服务为主动服务。所以通过这种考核机制的监督作用，各个服务环节都制定了应急预案，对可能出现的紧急服务情况提前做好服务方案，根据不同情况启动不同的应急预案。

例如：樊城供电公司的营业窗口有一套客户交费分流应急预案。这套预案主要是由供指中心的营业窗口可视系统远程巡视、营业厅值班主任、大堂经理、窗口收费人员、流动营业车等部分组成的一个在紧急情况下的服务快速响应体系，是针对客户交费高峰期可能造成的营业厅拥挤、客户交费不便而提前制定的预防式应急方案，主要工作方式如下。

（1）一般情况下，流动营业车每月制定行车路线，到居民客户集中居住区进行收费，一定程度上缓解了营业窗口收费压力。

（2）供指中心通过营业窗口可视系统远程巡视发现营业厅交费人员过多，比较拥挤，立即通知营业厅值班主任，或是营业厅值班主任通过现场查看发现营业大厅交费人员比较拥挤，由值班主任立即启动应急预案，将流动营业车调至营业厅门前对交费客户进行分流。

这种预防式服务模式优于传统的救灾式服务模式，提前预设各种紧急情况，提前制定应急预案，因此对于营业厅的服务管理来说就不再存在紧急情况了。

配网资料信息动态管理

　　加强配网资料管理，促进贯穿生产和营销工作全过程的资料动态管理流程的形成，保证配网动态资料能及时在配网图、库中实时得到更新，实现配网资料数据的动态管理，便于樊城供电公司各部门准确掌握配网设备分布情况，使资料管理工作流程清晰、数据统一、更新及时、管理有序，为配网建设和运行提供可靠的依据。

一、机构人员组成

　　樊城供电公司成立配网信息中心。配网信息中心专职资料员两人。各科室部门专职或兼职资料员至少一人。设立配网信息中心公用邮箱。

二、职责分工

　　配网信息中心、安全保卫部、客户服务中心、计量中心、供电所、运行维护工区、电气工程部（非设备管理单位）按照对设备管辖权限分别负责资料的收集、传递、核查职能，接受配网信息中心的考核。

三、动态控制

1. 源头控制

各部门、生产单位申请停电计划或带电工作前，将施工方案及图纸传递至配网信息中心，配网信息中心登记确认后，方可向调度科申请停电或带电作业，否则，生产技术部不予安排。

2. 过程控制

在每周碰头会上，配网信息中心将每周数据资料传递情况汇总后通报，各部门及生产单位将每周的工程情况、抢修情况做汇报并形成文字资料报配网信息中心。每月25日，各单位、部门将上月数据更新及传递情况汇总上报。每月月度考评会前召开基础资料信息月度工作例会，各单位资料员将每月的资料传递情况做汇报并对当月完成情况进行分析，信息中心将考核情况进行通报。在月度考评会上，配网信息中心将上月数据更新情况及各部门、生产单位的数据传递情况做通报。

3. 结果反馈核查控制

各单位按月、季、年三个时间段将已录入数据与现场实际进行复核审查，并将复核审查结果反馈给配网信息中心。配网信息中心按月、季、年三个时间段组织设备管理单位到现场核查，将现场抽查内容与已录入数据进行复核审查。

4. 隐蔽工程控制

对于大型土建工程，在竣工前一个工作日内，应出具隐蔽工程竣工图纸，并标明各隐蔽工程的主要管、井口坐标，设备管理单位应对工程进行验收并进行现场核对，正确无误后报配网信息中心。

四、数据传递流程

1. 业扩报装工程数据传递流程图

业扩报装工程数据传递流程图如下图所示。

```
业扩报装流程
    ↓
   送电 ——表计部分——→ 营销系统
    ↓                    动态处理
两个工作日               ↓
    ↓          ←——一周内——
将工作单及竣工资料
传递至配网信息中心
    ↓
配网信息中心
进行登记确认
    ↓
设备专责人进行核查
```

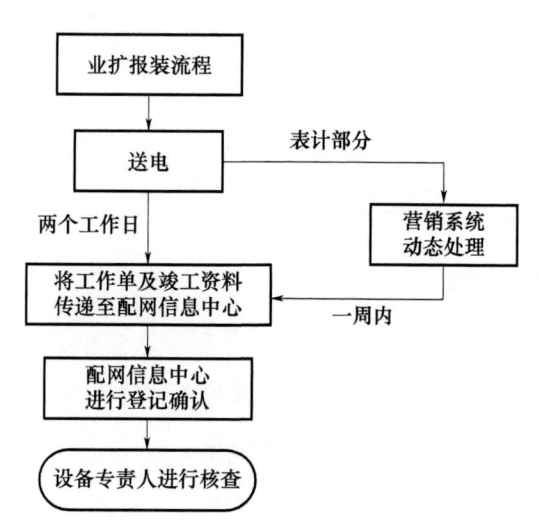

业扩报装工程在送电后,两个工作日内,由各报装专责将线路、设备变更资料传递至配网信息中心;表计部分在营销系统动态处理后一周内将工作单及竣工资料传递至配网信息中心登记更新,由设备专责人进行核查确认。

2. 故障报修工程数据传递流程图

故障报修工程数据传递流程图如下图所示。

```
故障报修流程
    ↓
一个工作日
    ↓
故障抢修记录及设备变更资料
传递至配网信息中心
    ↓
配网信息中心
进行登记确认
    ↓
设备专责人进行核查
```

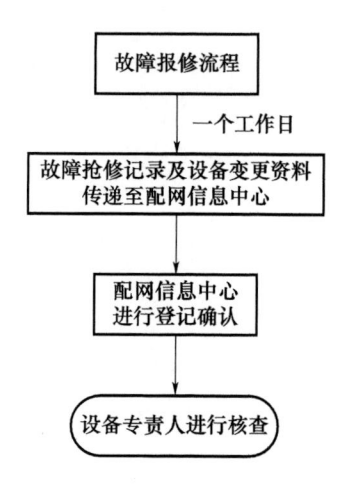

故障报修工程在处理完毕后，一个工作日内，各单位资料员将故障抢修记录及设备变更资料传递至配网信息中心登记更新，由设备专责人进行核查确认。

3. 配电线路停电施工、检修工程数据传递流程图

配电线路停电施工、检修工程数据传递流程图如下图所示。

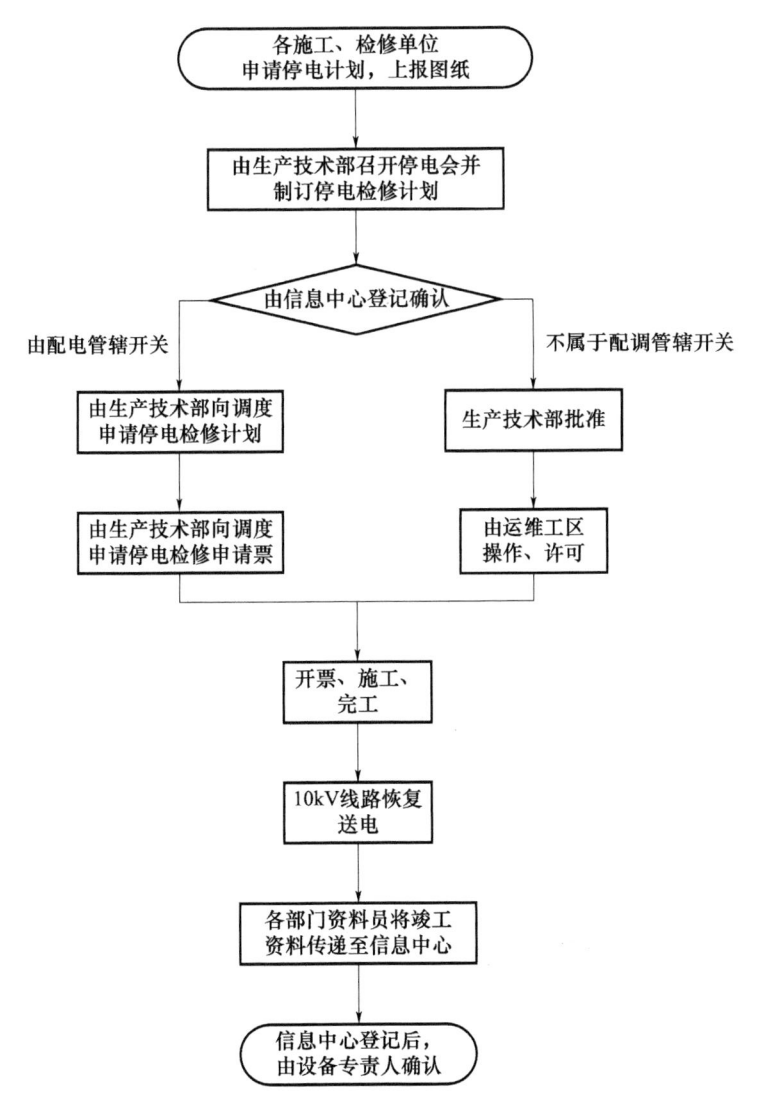

```
        各施工、检修单位
        申请停电计划，上报图纸
                │
                ▼
        由生产技术部召开停电会并
        制订停电检修计划
                │
                ▼
        ◇ 由信息中心登记确认 ◇
       ╱                      ╲
 由配电管辖开关            不属于配调管辖开关
      │                        │
      ▼                        ▼
 由生产技术部向调度        生产技术部批准
 申请停电检修计划               │
      │                        ▼
      ▼                   由运维工区
 由生产技术部向调度         操作、许可
 申请停电检修申请票              │
      │                        │
      └────────┬───────────────┘
               ▼
        开票、施工、完工
               │
               ▼
        10kV线路恢复送电
               │
               ▼
        各部门资料员将竣工
        资料传递至信息中心
               │
               ▼
        信息中心登记后，
        由设备专责人确认
```

配电线路停电施工、检修工程，在制定配电线路施工、检修停电计划前，一个工作日内，由施工、检修单位将施工方案及图纸传递至配网信息中心登记确认

后，生产技术部方可安排停电。若施工过程中发生变更，在线路检修完毕，恢复送电后，一个工作日内，施工单位将竣工资料传递至配网信息中心登记，由设备专责人对更新后的数据进行确认。

4. 配电台区施工、检修工程数据传递流程图

配电台区施工、检修工程数据传递流程图如下图所示。

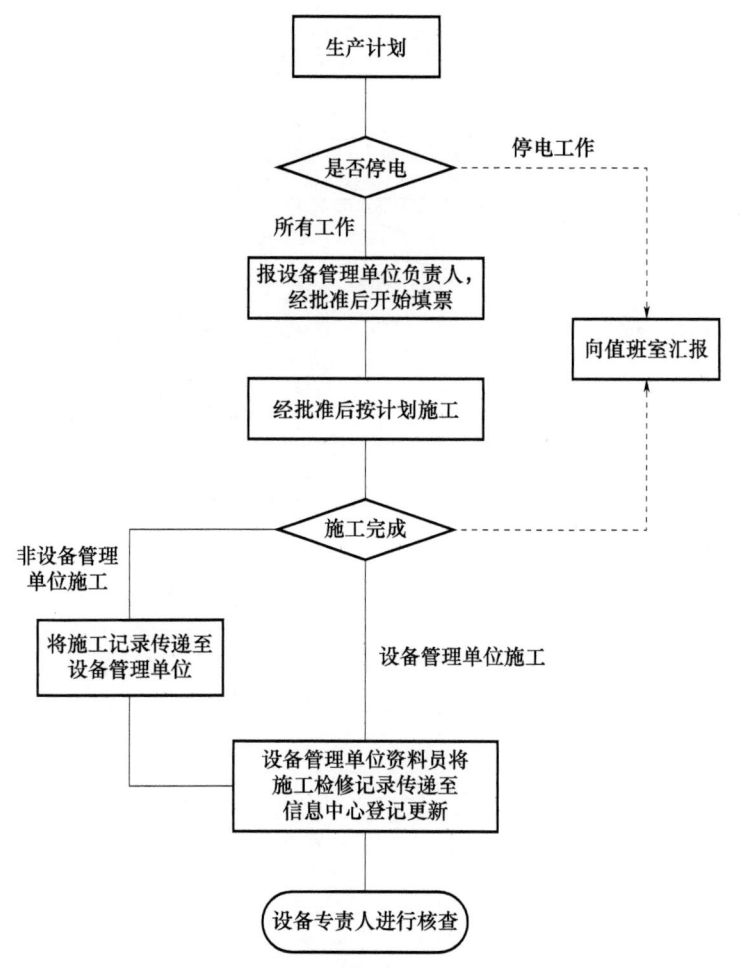

```
                    ┌─────────┐
                    │ 生产计划 │
                    └────┬────┘
                         ▼
                    ╱─────────╲       停电工作
                   ╱  是否停电  ╲ ─ ─ ─ ─ ─ ─ ┐
                    ╲         ╱              │
                     ╲───┬───╱               │
                    所有工作                  ▼
                         ▼              ┌─────────┐
              ┌──────────────────┐      │向值班室  │
              │报设备管理单位负责人│      │  汇报   │
              │ 经批准后开始填票  │      └────┬────┘
              └────────┬─────────┘           │
                       ▼                      │
              ┌──────────────────┐           │
              │ 经批准后按计划施工│           │
              └────────┬─────────┘           │
                       ▼                      │
                  ╱─────────╲                 │
非设备管理        ╱ 施工完成  ╲ ─ ─ ─ ─ ─ ─ ─ ┘
单位施工          ╲         ╱
   ┌───          ╲───┬───╱
   ▼                 │ 设备管理单位施工
┌──────────┐         │
│将施工记录 │         │
│传递至    │         │
│设备管理   │         │
│单位      │         │
└────┬─────┘         │
     │               ▼
     │    ┌──────────────────┐
     └───▶│设备管理单位资料员将│
          │ 施工检修记录传递至 │
          │ 信息中心登记更新  │
          └────────┬─────────┘
                   ▼
          ┌──────────────────┐
          │ 设备专责人进行核查│
          └──────────────────┘
```

各生产单位根据生产计划安排工作任务。在施工结束后，非设备管理单位在两个工作日内将施工检修记录传递至设备管理单位，设备管理单位资料员在一个工作日将施工检修记录传递至配网信息中心登记更新，由设备专责人对更新后的数据进行确认。

5. 10kV 事故处理数据传递流程图

10kV 事故处理数据传递流程图如下图所示。

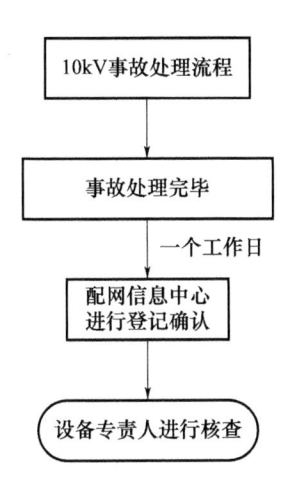

```
┌─────────────────┐
│ 10kV事故处理流程 │
└────────┬────────┘
         │
         ▼
┌─────────────────┐
│   事故处理完毕   │
└────────┬────────┘
         │ 一个工作日
         ▼
┌─────────────────┐
│  配网信息中心    │
│  进行登记确认    │
└────────┬────────┘
         │
         ▼
┌─────────────────┐
│ 设备专责人进行核查│
└─────────────────┘
```

10kV 事故处理完毕后,由各设备管理单位资料员将事故处理记录、设备变更资料在一个工作日内传递至配网信息中心登记更新,由设备专责人对更新后的数据进行核查确认。

五、考核方式和依据

配网基础资料工作列入月度计划,实行月度考核制。每月月末,由配网信息中心对各单位、部门实时传递的数据、项目进行汇总,形成月度完成情况表。每周碰头会上检查时,发现未完成的,在当月内补齐完成,即在月度考核时算完成。业扩报装工程数据传递完成情况以每月报装月度报表为考核依据。故障报修工程数据传递以每月配网值班室故障报修记录及设备变更记录的汇总表为考核依据。配电线路停电施工、检修工程以周碰头会上各单位汇报情况为考核依据。配电台区施工、检修工程以周碰头会上各单位汇报情况为考核依据。10kV 事故处理工作以周碰头会上各单位汇报情况为考核依据。

六、考核对象及内容

（1）考核对象：配网信息中心和设备管理单位。

（2）考核内容：实行按月考核，配网信息中心接到数据资料后的一个工作日内完成更新，其他部门一个月未按时传递数据或漏传，扣除资料员当月奖金20元，一个工程项目未按时完成的、录入有误或漏录的，扣除资料员当月工资10元，以此类推。

（3）每年将根据各部门、单位上报数据的及时性、上报率、准确率对资料员进行考核排序，按资料员总数的20%进行评先，给予适当奖励。

配电线路维护承包管理

线路维护承包管理以"划小范围、承包到人、团结互助、精心维护、减少故障"为宗旨。从 2004 年实行生产维护承包责任制开始，樊城供电公司把每条线路每个设备分配到人，并从电压合格率、供电可靠性、无功界面功率因数、巡视质量、设备故障、缺陷处理率等方面进行考核，突出"预防—实施—完善"的维护工作的三个阶段，有效控制事故的发生概率，降低材料费及人工费用。同时在承包维护人员中营造团结互助、和谐融洽、共同进取的氛围，激发工作责任心及工作热情。截至 2005 年 12 月，线路跳闸次数比 2004 年减少 24 次，有效提高了线路的健康水平和供电可靠性。

一、线路维护承包管理的目标

1. 企业战略对专业管理的要求

樊城供电公司肩负为地方经济发展提供可靠和安全的电力的使命，提高线路设备的健康水平，为实现"一强三优"战略目标，落实"三抓一创"工作思路提供支持。提高运行人员工作的责任性、自主性、主动性，优化管理流程，提高效率。

2. 目标描述

分清责任，把每条线路每个设备分配到人，并从电压合格率、供电可靠性、无功界面功率因数、巡视质量、设备故障、缺陷处理率等方面进行考核，有效控制事故的发生概率，降低材料费及人工费用，提高线路的健康水平和供电可靠性。

3. 线路维护承包管理的企业文化

树立以人为本的思想，发挥人的主观能动性和激励机制的作用。

4. 指标体系

专业考核评分表、月度绩效考核表、线路故障率和可靠性分解指标、电压无功分解指标。

二、线路维护承包管理的工作内容

（一）组织结构和职责

樊城供电公司组成维护承包考核管理小组，由公司领导、生计科、安保科、财务科、运维工区等部门人员组成。考核管理小组实行月度工作会议制，依据小组职责规定开展工作。考效管理小组职责如下图所示。

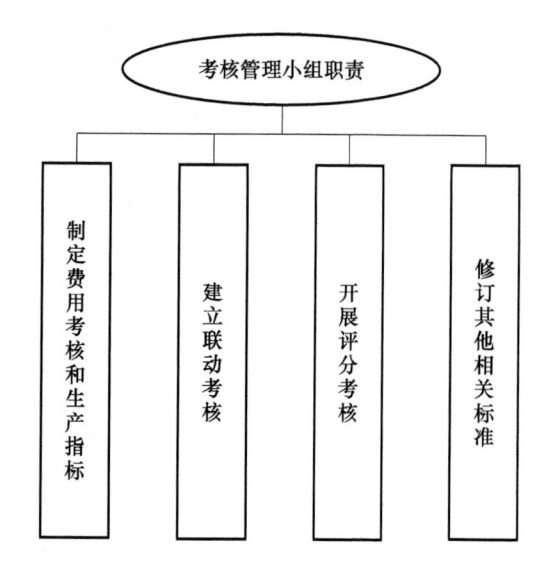

```
                    考核管理小组职责
        ┌──────────┬──────────┼──────────┬──────────┐
   制定费用考核      建立联动      开展评分      修订其他相关
   和生产指标        考核          考核          标准
```

（二）线路维护承包管理范围

工区职责范围是负责城区配网从变电出口起至低压集装表箱快速保险或进线总开关前止（不含保险、开关）；农村管辖的10kV配电线路从变电站出口至配电台区变压器带电线夹部分的运行维护和事故抢修工作。台区及以下由供电营业所负责维护管理。

工区将维护承包人员分成若干个承包小组，但班的建制维持不变，每个班下设两个承包小组，组员在组长领导下实行互助，班内小组在班长领导下实行互助，承包小组及班之间在工区领导下实行互助。遇到有较大施工任务时，樊城供电公司要求做到分组不分班，分班有合作，并依据对承包人员的行为规范、工作态度、工作质量等方面拟定公共范围工作质量标准进行考核，线路维护专业标准按襄樊供电局襄电生〔2002〕5号文件《10kV及以下配电网现场规程》进行考核。

（三）线路维护承包管理的操作细则

1. 建立自下而上的联动考核体系

一是月度生产任务完成后，承包组填写"月度绩效考核表"，交由工区检查完成情况，召开月度考评会，讲评工作质量，审定维护费用，计算当月奖惩。樊城供电公司考评组每月参加工区考评会对有疑义的问题定性，审定下月生产计划和考核结果。二是与生产相关的机关科室人员拿出30%奖金挂靠到各承包组，随承包组经营业绩同等考核，挂靠人员帮助解决承包组问题。承包小组每月对挂靠人员的服务质量进行评议，填写"承包组对挂靠人员考评表"。评议分为优秀、良好、合格、不合格四个等级。评议内容为是否到承包组了解承包中遇到的困难，是否积极地为承包工作排忧解难，指导、督促完成各项经营指标，形成上下联动共同负责的局面。三是承包组每月上报下月的维修项目和费用计划。一般缺陷由工区按轻重缓急审定后列入工区月生产计划，月度计划要上报生计科。重大、紧急缺陷或一次性投资较高的缺陷由生计审定列入樊城供电公司生产计划。凡是未列入生产计划的维修项目和费用将不纳入奖励范围。月度绩效考核表如下表所示。

200×年×月承包组生产任务绩效考核表

序号	月度计划任务	完成时间	验收人签字	资料归档签字	使用材料费（元）	奖惩金额	备注

部门领导：　　　　　　　　　　　　　　　　　　　　　　制表人

注：承包组长每月 3 日前将表交工区。工区 5 日召开考评会后交生产计划科。

2. 建立科学的评分考核办法

樊城供电公司制定《线路维护承包管理办法》做到针对性、科学性、可操作性。

一是公司以三年来实际使用平均维护费核定为承包基数，用年度业绩考核的形式将全年维护费交由工区承包使用。工区拿出一定比例维护费按照线路评估方案测评分配给承包组。公司考核工区、工区考核承包组，切实发挥所对修理项目、费用考核宏观管理职能，达到分级管理，逐级负责。

二是将所有的线路设备评级。设备评级方案是按照线路等级、线路长度、设备等级、设备数量、供电量、社会影响六大方面进行综合评分，并依据线路评估分值合理搭配，按线路地域、环网等因素搭配，分成四块，交承包小组进行承包管理。

三是以承包小组为基本考核单位，承包小组的承包费作为最高奖惩底线。

四是承包组长采用推荐加竞聘演讲确定，组员实行双向选择方式确定，并签订承包合同。

3. 费用考核和生产指标

考核条款的原则是承包组负责任地积极工作并达到公司下达的目标即进行奖

励,反之给予处罚。

(1)承包人员为使线路设备达到运行标准而发生的材料费、运输费、购置的机具费、故障处置费,发生承包范围内的责任性事故赔偿费等费用从承包费列支。

(2)对自然灾害、外力破坏、承包者上报承包组无力处理的缺陷,由于非承包人原因而未处理,造成事故发生的费用不计入承包费。

(3)将障碍跳闸率、停电时户数等指标,按公司下达的指标依标准分摊到组,每超过1次,按公司可靠性、跳闸率管理专项规定执行,所处罚的款项从承包组的承包奖中扣除。列举第一组指标明细如下表所示。

10kV 线路承包费用、停电时户数、跳闸次数表

序号	线路名称	承包人	承包费用	跳闸次数	年时户数
1	汉 84 线	喻 ××	× 元		
2	乔 64 线		× 元		
3	乔 54 线		× 元		
4	樊 83 线		× 元		
5	樊 84 线	邓 ××	× 元	3 次	129 户
6	樊 56 线		× 元		
7	乔 76 线		× 元		
8	樊 82 线		× 元		
9	广 58 线	陈 ×	× 元		
10	广 78 线		× 元		
11	广 56 线		× 元		

(4)承包期到,对承包线路设备重新评分,并与年初评分比较,经考核组认定,低于承包前等级,按 500 元/条从承包奖中扣除。

(5)制定公共范围工作质量标准,从安全活动、工作质量、劳动纪律等方面纳入考核,实现收入与绩效挂钩。

(6)奖惩兑现方法:①承包组积极巡视上报修理发生维护费占分配维护费比例,即按该比例在奖金中提取,指非责任性的。②因承包组责任性发生的修理费

按比例只惩不奖，并扣除分配维护费基数。③承包人员为监测设备、处理缺陷而正常按计划购置机具仪表，承包范围内的线路设备发生较大型故障，由其他部门处置中发生的费用，不对承包组计奖。④承包小组成员的50%岗位工资按月考核发放。月奖按月考核，奖励基金按承包考核期考核兑现。如承包期到考核时，而考核扣除费不够的，则用承包小组其他收入冲抵，底线不超过本组总承包费。

（7）承包小组组长根据本组经营情况按平均奖的1.1倍取奖。工区领导及管理员根据工区承包小组的经营情况进行奖惩考核，正职取奖公式为（全工区线路维护承包奖总数÷全工区参加承包人员总数）×1.1；副职按1.0取奖；管理员按0.75取奖。挂靠部门（小组）根据所挂靠的承包小组的经营情况进行奖惩考核，挂靠部门人员奖惩等于取奖基数×取奖比例，取奖基数为本人参加挂靠所抵押金额。

通过承包工作实践表明，线路设备健康水平大幅提高，2005年度公司配电事故率仅为18次，约占年计划42次的42.8%。职工承包后经济效益得到提高。

4. 相关考核

（1）管理办法仅为承包工作中经济往来的规定。承包人员在工作中必须严格执行《国家电网公司电力安全工作规程（配电部分）（试行）》《电力设施保护条例》《中华人民共和国电力法》《中华人民共和国电力供应与使用条例》等法律、法规、规定。

（2）台班费、加班费、抢修电话费等相关生产费用，由工区按公司下达指标实行包干使用，超支自负，节约滚动。

（3）维护用料原则上在物资公司采购，应急物资由工区在得到公司领导许可后可在外购买。

三、线路维护承包工作的绩效评价

1. 绩效评价的组织机构

樊城供电公司组成维护承包考核管理小组,由公司领导、生计科、安保科、财务科、运维工区等部门人员组成。考核管理小组实行月度工作会议制,依据小组职责规定开展工作。线路维护承包考核管理小组职责:①每月定期召开工作例会,对承包过程中有争议的事项进行仲裁。②组织落实承包兑现。③监督指导工区及承包小组工作。④修订完善承包实施办法。⑤宣传解释承包实施办法。

2. 绩效评价的指标体系

专业考核评分表、月度绩效考核表、线路故障率和可靠性分解指标、电压无功分解指标。

3. 绩效的评价方法

线路等级评分:公用变压器评分、线路长度评分、公用变压器质量评分、供电量评分、社会影响评分。

绩效评价的记录形式如下表所示。

线路设备评分类样表

序号	类别	得分	备注
1	线路等级评分		
2	公用变压器评分		
3	线路长度评分		
4	公用变压器质量评分		
5	供电量评分		
6	社会影响评分		
7	合计		

4. 绩效评价结果的应用

绩效考核结果作为奖惩兑现和持续改进的依据。

四、线路维护承包工作的持续改进

1. 对目标的改进方法

根据樊城供电公司的各项工作重点的变化提出改进建议，报公司领导小组审核批准。

2. 对指标体系的改进方法

樊城供电公司根据今后工作的要求，适时改进指标体系，以保持指标体系的先进性、实用性。

3. 对绩效考核的改进方法

针对绩效考核中出现的问题，提出改进建议，报公司领导小组审核批准。

变电生产精益化管理实践

南漳县供电公司在变电运行、检修、工器具等方面，实行行动军事化、任务可视化、流程规范化、作业标准化、价值最大化的"五化"精益管理，在降低变电站的安全风险和管理成本上取得了一定效果。

一、变电运行精益化管理

1. 巡视路线精益化

变电操巡队通过多次的现场优化，总结出一条最优巡视路线，南漳县供电公司组织制定了《南漳 110kV 变电站巡视路线》和《南漳 110kV 变电站设备巡视指南》。在巡视路线上根据设备的布置情况设置驻足点，对设备进行分区巡视。如 110kV 南漳变电站设备区设 10 个巡视路线驻足点，每个驻足点附近对应安装提示牌，对巡视设备、巡视要领给予提示，内容为提炼的巡视要领"一听、二看、三闻"。这些提示一方面方便运行人员进行对照，避免漏巡设备，另一方面有利于新上岗的运行人员熟悉巡视设备流程和内容，起到现场培训的作用。

2. 巡视作业精益化

在巡视路线驻足点提示牌内容的基础上，列出了各类巡视设备的关键点和注意事项。对各设备关键部位均制作有标识提示，如在端子箱、开关机构等需要巡视的部位粘贴标记、标牌等，方便运行人员巡视检查，及时发现设备缺陷。通过一系列提示牌，可以迅速掌握变电设备当前的状态。如在端子箱内，备用电缆芯都戴上电缆头套，设置巡视卡；各组避雷器监测仪下方、高压开关柜上和电容器组围栏外粘贴提示牌，对巡视检查内容和标准做准确、明晰的说明。

3. 倒闸操作精益化

编制《南漳110kV变电站倒闸操作指南》，其目的是规范运行人员倒闸操作行为。如倒闸操作指南制作成手册形式，图文并茂、便于携带，以表格形式列出了典型操作耗用参考时间表，如下图所示。下图中列出了不同电压等级、不同设备操作的标准时间，统一规范了倒闸操作行为，进一步指导员工熟悉掌握安全操作方法，纠正习惯性违章操作。

国家电网 STATE GRID
襄樊南漳县供电公司

倒闸操作指南

典型操作耗用参考时间表

操作任务类型	操作时间	布置安排时间	合计	备注
110 kV开关及线路运行与检修状态互转	35	15	50	单独为开关或线路可减少10分钟
6-35 kV开关及线路运行与检修状态互转	20	5	25	单独为开关或线路可减少5分钟
110kV主变运行与检修状态互转	60	20	80	冷备用状态减少20分钟
110 kV母线运行与检修状态互转	60	20	80	
6-35kV母线运行与检修状态互转	60	20	80	冷备用状态减少20分钟
电压互感器、站变倒方式	20	0	20	需做安排时增加5分钟

南漳110kV变电站

二、变电作业现场精益化管理

作业现场精益化主要是规范工作人员的行为,加强工作纪律,转变工作作风,改正不良工作习惯,规范生产现场工作流程、工作标准,达到人性化施工并提高工作效率。

1. 行动军事化

用军队的管理思想去教育和引导员工,使生产一线员工养成纪律严明、令行禁止、雷厉风行的工作作风。如班前会时,工作负责人和成员在队列中立正站好进行提问和汇报。

2. 任务可视化

作业现场放置精益化看板,明确工作现场人员的任务和重点要求,强调工作班成员的安全职责和任务,加深现场安全意识。如端子箱门内侧粘贴维护注意事项,提醒工作人员工作中不得佩戴的物件(金属制品等)和需注意的特殊清扫部位(用文字配合图片的形式,提醒运行人员清扫工作中注意防电流端子开路等)。

3. 流程规范化

规范作业现场流程,严格执行标准化作业指导书,履行许可手续,召开班前会并进行"三交三查",布置好现场安全措施,作业结束后拆除现场安全措施,认真清理现场,确认全体工作班成员撤离现场后方可恢复送电。

4. 作业标准化

作业人员行为严格按照流程执行规定动作,并有专人监护行为规范。作业现场按照安全标准进行布置。如围栏的布置,明确安全围栏设置标准,以杆的圆点为中心和物体的坠落半径来设置现场围栏。围栏内各种材料、工器具等摆放定置化:围栏内设置移动式不锈钢标示牌,标示牌分为材料区、工器具区、回收区、作业区,铺上雨布,将材料、工器具及废品桶定置摆放。同时在相应位置摆放"从此进入"及"从此上下"的标识。标准行为动作和标准现场形成遵章守纪的氛围，杜绝违章发生。

5. 休息人性化

休息区用红色帐篷搭建，帐篷内有板凳、急救箱、水，可遮风避雨，防尘保暖，保障工作人员安全、舒适地休息，达到人性化管理。

三、变电"两措"精益化管理

1. 反事故措施精益化

（1）防误措施精益化。利用磁铁吸附于保护屏的原理制作保护屏检修使用的红布帘（没有工作的装置使用粘贴有"运行设备"的红布覆盖，正在工作的装置位置的小块红布帘取下）和保护屏开关"运行禁动"提示牌（整体用透明塑料制作，表面用红色车贴膜刻制"运行禁动"四字），在方便工作的同时，防止误动和误操作运行设备。

（2）应急措施精益化。对高压室原固定式的防鼠挡板进行质量控制（quality control，QC）小组攻关，根据磁铁吸附原理将其进行改进：挡板两侧内部设置磁铁，吸附在两块固定在两侧墙面上的L形扁铁上面，可由内踢开或撞开，避免匆忙间被挡板绊伤、绊倒，也方便紧急状况下从高压室逃生。

（3）防短路措施精益化。给设备区周边的水龙头穿上"衣服"：出水口加装横向伸出的细管，方便冲洗地面时接续水管，后方旋开保护盖后方可对水龙头开关进行操作，以免风吹日晒造成水管爆裂，使水流溅射到带电设备上。

（4）防小动物措施精益化。如改变原有小碟盛放老鼠药的方法，结合老鼠沿墙边奔走的习性，采用拿双面胶把粘鼠板粘贴在有机玻璃板上，并将有机玻璃板靠墙放置的办法。

2. 安全措施精益化

（1）检查措施精益化。沿巡视路线在电缆沟设置一定数量的透明检查窗，运行人员无须费力打开电缆沟盖板就可以方便查看电缆沟内情况：有无积水，有无杂物堆积堵塞等。为方便维护管理，对检查窗进行统一编号，电缆沟内出现异常时，可简洁明了地说清具体位置。

（2）消防措施精益化。对消防设施进行统一编号，增加防堵塞区域提示，避免紧急情况下取用灭火器被杂物等封堵情况的发生，并在灭火器箱顶盖粘贴灭火器使用说明。该说明提炼为"提、拔、对、压"四字诀，使用者在紧急情况下可以一目了然地正确使用。

（3）安防措施精益化。为了对视频监控及电子围栏报警系统有效性进行试验，制作了安防试验器。在绝缘棒上端用不锈钢制作一个既可短路电子围栏也可阻挡红外射线触发报警的装置，装置表面贴有使用说明；在绝缘棒中段（平衡点）加装绝缘材料的把手方便搬运，防止人员习惯性肩扛搬运引发触电危险。

（4）围栏管理精益化。在设备区设置一定数量的围栏杆地桩，可以使用没有脚架的围栏杆。为方便运输，专门制作围栏杆推车，车上可安放50根围栏杆，足以满足大型检修任务的需要，底部设置盛放围栏网包的抽屉。只要一个推车，布置围栏所需的物件就可以一次到达布置现场。

四、变电安全工器具精益化管理

安全工器具是生产人员人身安全的"护身符"，对工具室精益化管理，定置存放、整齐一致，达到各类安全工器具使用规范化、检查维护标准化的目的。

1. 制度管理精益化

根据 Q/GDW 1799.1—2013《国家电网公司电力安全工作规程 变电部分》的相关规定健立健全相应安全工器具管理制度，细化安全工器具台账、出入库记录等填写要求，安排专库专房专人管理。

2. 工具室管理精益化

（1）环境实行"三要"管理，即室内要清洁（表面无污渍），温度要适宜，湿度要控制。

（2）出入采取"三要"管理，即进出要登记，归还要清理（清理污渍，保持表面干净整洁），摆放要定置（放回原处时要对号入座，并附"放回后请核对位置编号"的提示语）。

3. 工具存放管理精益化

对安全工器具进行定置存放，形迹管理每个安全工器具的存放位置，统一规范编号的尺寸，采用编号和实物对应的方式。

（1）每个安全工器具柜门处都根据实际需要配置双色板材料制作的白底红字标示牌。标示牌上列有工器具数量、试验周期及检查方法，方便操作人员检查和提高工作效率。

（2）对各类安全标示牌的存放进行形迹管理，如在原来悬挂标示牌的金属杆外加装几根聚氯乙烯（polyvinyl chloride，PVC）塑料管，每根塑料管上均匀分布沟槽，每个沟槽旁都贴有编号，再统一每个标示牌挂绳的尺寸，简化了清点和检查标示牌数量的过程，如下图所示。

（3）维护检查精益化。编制《南漳110kV变电站安全用具使用维护指南》。该指南将部分安全工器具的检查和维护注意事项归纳为图文并茂的"三检查"。

如绝缘靴的三检查（检查内部干燥清洁，检查试验标签合格，检查表面无损伤），图册配合精练语言一目了然。

五、安全文化精益化管理

1. 国网文化宣传

变电站门厅设置安全文化宣传墙，介绍变电站的安全目标和指标等；变电学习室墙上设置员工安全理念及工作愿景，将每位员工的安全意识和信念浓缩提炼成精华语言，贴合实际需要，营造安全文化氛围。

2. 安全文化入心

例如变电站进站口主变压器设备区侧设置安全文化看板，提醒进站人员注意安全。如下图所示，"把握安全，拥有明天"的安全文化看板给满是石头、沥青和设备的变电站内增添了一道安全文化风景。再例如编制倒闸操作"十忌"歌，以歌谣的形式将倒闸操作中各类习惯性违章和可能引发操作事故的各类隐患表达出来。通过读诵倒闸操作"十忌"歌，在潜移默化中，运行人员安全倒闸操作的素质和能力得以提高。

3. 规程文化落地

各电压等级设备区入口附近，设置白底红色字醒目的安全距离提示牌，如"110kV设备的安全距离1.5m"；高压室门口设置安全警示牌，如有"止步，高压危险""当心触电""必须戴好安全帽"等标识，提示进入设备区人员注意安全和保持安全距离。如各组避雷器监测仪下方、高压开关柜上和电容器组围栏外粘贴提示牌，对巡视检查内容和标准做说明；机构箱内弹簧附近加装标识，与原有储能指示配合，以便正确判断机构储能状况。

六、开展变电生产管理精益化取得的成效

通过精益化管理建设，企业实现了有形价值和无形价值的双提升。

1. 企业素质提升

精益化管理锻炼了员工队伍，提升了员工安全素质。广大员工积极建言献策，先后发明创造了"有机玻璃粘鼠板""高压室磁性防小动物挡板""二次保护屏红布帘"等一个个精益化管理的"金点子"；涌现出了带"法宝"的主任、"飞舞的灰蝴蝶"等一批优秀干部员工，为企业积累了责任与奉献的宝贵精神财富。同时促使企业不断提升内在素质，2010年，南漳供电公司的供电可靠性指标RS-3达到99.66%，倒闸操作正确率100%。10kV线路跳闸次数比2009年同期下降了19%。截至2010年12月31日，实现安全生产1878天的长周期，为企业带来了巨大的无形价值。

2. 企业效益提升

变电精益化管理的应用减少了变电站操作、巡视以及检修时间，全年大约减少停电时间90h和巡视工时178个，按每条线路平均负荷1260kW和每个工时25元计算，换算全年节省费用七万余元。随着精益化管理的逐步推广和深入研究，取得的价值收益将会逐步得到提高。

3. 企业形象提升

通过变电生产精益化管理的实施,进一步提高工作质效和供电服务水平。湖北省电力有限公司总经理在该站检查后曾说:"全省的110kV站都建成这样就可以了。"南漳县供电公司在2010年度民主评议政风行风工作中获得第一名,树立了电力企业良好的社会形象。

供电所标准化建设之南漳行动

一、供电所当前工作现状

供电所工作现状，表现为"五率"指标"两低三高"。即供电可靠率低，电压合格率低，故障报修率高，综合线损率高，服务投诉率高。

供电所基本采用台区管理员为基础的管理模式，处于一种头痛治头、脚痛治脚，按下葫芦浮起瓢的被动应付状态，造成安全无保障、营销有风险、服务不到位、人力资源不能发挥合力的矛盾。

二、建设标准化体系的管理目的

通过实施专业化分工，优化管理流程，在供电所建立生产运维体系、营销服务体系、综合管理体系，构筑标准化管理新平台。即生产运维工作变被动抢修为主动检修，变无计划工作为有计划工作，实现安全生产的可控。营销服务工作变个人行为为集体负责，变无序状态为规范化管理，实现指标和优质服务工作的可控。综合管理工作变主任一人指挥为标准化流程工作，变无人负责为各级履责，实现安全好、指标优、服务佳，员工满意的、规范的标准化供电所。

三、建设标准化体系的管理策略

供电营业所在营配分离模式下，拆分台区管理员一人独大的工作方式，以"抄表无底度，管理结对子，运维大指挥，考核正激励"为专业化分工和联动考核管理机制。

四、建设标准化体系的实施

1. 明确机构设置标准

供电营业所按照三个体系和专业化管理模式。如下图所示，设立两个班，即营销班、运维班。营销班下设三个组，分别为营业组、抄表组、管理组。

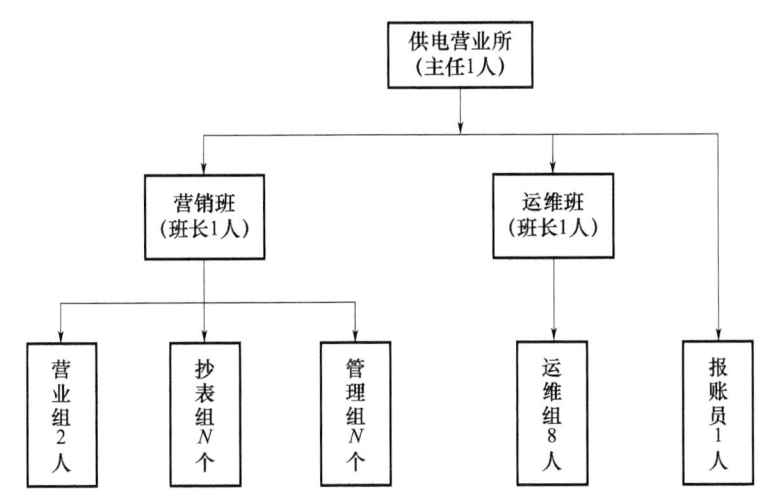

```
                    供电营业所
                    （主任1人）
                         │
          ┌──────────────┴──────────────┐
        营销班                        运维班
      （班长1人）                    （班长1人）
          │                              │
    ┌─────┼─────┐                ┌───────┴───────┐
  营业组  抄表组  管理组          运维组         报账员
   2人    N个    N个              8人            1人
```

（1）营业组。营业组以所为单位，设2~3人，主要负责大厅服务、抄表日程制定、电费初审、电费结算、业务受理、计量管理、供用电合同管理、营业质量监管、报表统计、指标考核、抄表派工、抄表卡片及表箱钥匙集中管理、资料管理、仓库管理等。各单位可根据实际情况一人多岗。

（2）抄表组。抄表员依据客户名称编号和绘制的抄表线路图进行全月抄表。抄表卡上不再有上月止码，实施无底度抄表。抄表员每月按时按量完成抄表任务，对抄表日程、抄表质量以及数据的真实性、准确性、及时性负责。负责表箱内设备巡视；掌握电能表运行情况。供电所按照总户数、月工作量、地形条件等因素对抄表员进行任务分解，只考核抄表员工作量和抄表质量，不再考核线损、均价、电费等其他营销指标。同时定期对抄表员抄录台区进行调换。抄表组可按区域分为多个。电能表载波远抄技术实现后，抄表组纳入公司层面管理，实施跨所抄表。

（3）管理组。管理组内人员互助结对子，与配电班联动结对子。外出工作至少两人一组，化解单人工作的安全风险，并且通过结对子考核，使之成为经济利益共同体。管理组负责台区范围内的低压线路、设备巡视和户表表箱及以下的低压故障抢修及日常维护；管理台区线损率、售电均价、电费回收、优质服务等指标。管理组人员共同开展工作，业绩共同测算考核。生产类工作任务接受运维班的指挥。

（4）运维班。运维班按 1+N 的人员模式，承包 10kV 线路设备分段巡视任务，并与管理组联动考核，即一条 10kV 线路运维班出一人和管理组出多人共同承担生产任务和生产考核，如下表所示。运维班负责供电营业所安全生产的具体组织协调；负责辖区低压线路设备运行维护和管理；负责故障抢修值班等。

10kV 线路运行维护 1+N 责任人

序号	线路名称	责任人	线路名称（起止杆号）	变压器数量（台）	管理人 N
1	板 59 北峰线	张××	北峰线主线 1～44 号杆	1	张××
2			北峰线主线 45～77 号杆	1	张××
3			北峰线主线 78～144 号杆	4	晏××
4			金山支线 1～19 号杆	2	张××
5			雷坪支线 17～32 号杆	1	宋××

2. 明确绩效考核标准

建立双向互动的绩效考核流程。明确各类人员只有一套绩效考核指标。将考评激励指标公示公布，并通过工资审核签字确认的程序，告知到人。考评可采用权重和激励的合并模式。绩效考核由主任组织，报账员汇总上报。管理员工资构成表如下表所示。

管理员工资构成表

序号	姓名	台区数量（个）	固定工资（元）保底+津贴提示金	鼓励工资（元）值班+单项	考核基数	变动工资（元）			
						生产 30% 安全、巡视、报装、消除缺陷	营销 50% 线损、电费、均价、合同	服务 10% 投诉	考勤 10% 请假、迟到
1	周××	9	600+100	18元/天 ×x天+y	600	180	300	60	60
2	向××	9	600	18元/天 ×x天+y	600	180	300	60	60

注：安全、线损、电费为关键绩效指标（key performance indicator，KPI）。

绩效考核流程如下图所示。

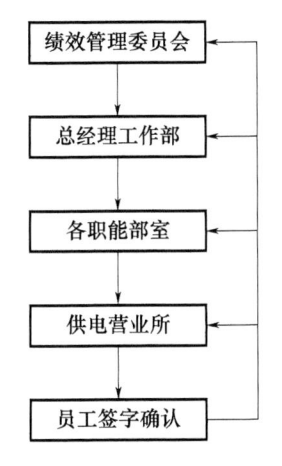

```
绩效管理委员会
     ↓↑
   总经理工作部
     ↓↑
   各职能部室
     ↓↑
   供电营业所
     ↓↑
   员工签字确认
```

3. 明确指标体系标准

供电所依托营销系统、生产系统、班组管理系统，建立标准化管理业务流程和规章制度。

生产运维指标体系包括运行分析、电网规划、巡视维护制度、负荷测试、两率指标、设备台账等。

营销服务指标体系包括抄表率、线损率、电费回收率、优质服务、工作质量、报装接电率、抢修流程等。

综合管理指标体系包括出勤制度、培训制度、债务债权化解制度、环境卫生制度、班组管理系统运用、经济活动记录等。

这三个体系有相互独立的制度、记录、台账、图表、指标等，在人员绩效考核中又形成相互关联的体系。

4. 明确县公司层面保障措施

（1）供电所标准化体系建设在南漳县供电公司组织下推进。实施步骤是集中宣讲、部门指导、制订计划、试点推进、激励保障、修正完善、实现目标。公司领导集中宣讲建设方案，统一思想。分管领导具体督办。管理部门上门具体指导。

（2）加大基层员工待遇增长力度。对积极参与标准化体系建设的员工，农电工工资每月增加300元，派遣工工资每月增加200元。供电所职工随机构改革、定员达标、绩效考核进行。公司设立单项奖、特殊奖进一步鼓励员工多劳多得，例如技能比武奖、违章举报奖、两票奖、标准化作业奖、营销指标奖等。

（3）加大基层硬件设施投入力度。对办公条件较差的供电所，按照国家电网公司标识规范，进行环境硬件改造，改善办公条件，配置办公桌椅和电脑等。进行饮水工程、旱厕改造工程、食堂达标工程等一系列改造，提高员工工作环境舒适度。有条件的供电所还要开展好企业文化宣传和文化落地工作，进一步增强员工归属感和认同感。

"四个一"建设全能型供电所

供电所是供电公司服务用电客户最前沿的窗口，更是广大用电客户向供电公司反映问题诉求的集散地。近年来，因专业划分细，协调难度大，服务响应慢，新业务不断增加，给供电所管理带来了全新的考验和挑战。谷城县供电公司从解决安全生产、营销服务、人员管理等方面着手，以优化供电所班组设置和绩效评价为核心，重点以"四个一"为主线创建全能型供电所。

如何完善以市场客户为导向的供电所工作机制，建立智能、便捷、精准、高效的供电服务体系，实现一次性解决客户用电服务需求，让广大用电客户带着希冀而来、舒心满意而去，通过认真学习领会国家电网公司、湖北省电力有限公司精神，谷城县供电公司具体实施措施如下。

一、优化班组设置

供电所设三个班，即综合服务班、配网管理班、客户管理班。

（1）综合服务班。负责前端业务受理；营业厅规范管理；后台集成，各专业系统的监控和分析；信息归集和档案管理；日常事务管理、布置、检查、考核，全所绩效考核按照工作积分制实施。

（2）配网管理班。负责配电网运维及抢修；配电网规划；属地化管理；协同其他班组工作，如报装项目的现场勘察，保证营配系统基础信息的一致性，协助解决客户矛盾等。

（3）客户管理班。负责客户服务及经营管理；市场开拓，以提高客户市场占有率；电能替代的宣传、节能项目、电动汽车等新业务推广；协同其他班组工作等。

二、实施"四个一"的措施

1. 综合业务监控"一体化平台"

按照省市公司要求建立服务抢修供指中心，设立综合业务监控"一体化平台"，设置三名工作人员，负责监控四个系统，即电力管理系统（power management system，PMS）、用电信息采集系统、营销系统和同期线损分析系统。值班人员确保每日三件事准时到位，即发现异常、派发工单、处理记录。平台与班组工作流程形成"远程监控—数据分析—发现异常—派发工单—现场处理—资料归档"的闭环管理。通过一体化平台应用管理，做到精准营销、主动运维、平安运检。同时对配电运维班进行改造，使硬件达到谷城县供电公司"三库三室"标准。建立配套人员联动机制，为平台运行做好支撑。

2. 业务协同运行，末端"营配合一"

推进营配业务末端融合，推行台区经理制。按照"一格双员"营销人员、配电运维人员"1+1"结合的方式配备台区经理，实施供电服务网格化管理。台区经理工作模式是建立"一个网格、两块牌子、三种联络途径、四上要求、五件实事"。"一个网格"即每个网格中的用户有对应的服务经理。树立"两块牌子"即在台区和村委会或社区有宣传牌，告知用户联络方式和服务内容。"三种联络途径"即到户卡片、表箱宣传贴、微信朋友圈。"四上要求"即网格员手机号要存到用户手机上,服务宣传贴片要贴在客户墙头上,好友要加在微信上,客户编号要贴在表箱上。做好"五件实事"即做好"红五心"服务品牌宣传。每周到一个村部或社区走访半天,定期走访网格内客户。定期进行台区设备巡查,及时完成派单任务。

实现供电所业务协同运行。以"互联网+营销服务""互联网+配电运检"为支撑,实现营配贯通工作的闭环管理。营业人员在受理用户的用电申请后,通过查看 PMS,分析该用户所在台区监测数据,提出相应的业扩报装建议,为运维人员安装接线提供有力支撑,同时合理科学的报装建议也提高了线路设备的安全运行系数。运维人员根据建议进行装表接电后,将工单返回至 PMS 管理人员,由系统管理员进行更改存档后,再流转至营销系统管理员,进行工单流转,从而实现营配业务末端融合,为全能型供电所建设打下坚实基础。

3. 加强技能培训,实现员工"一专多能"

加强员工的理论和实操技能培训。建立员工业务培训室,设置日常运行维护的计量安装、低压故障处理,运用系统等模拟台。按照需要什么,培训什么的原则开展培训。一是开展 PMS、地理信息系统(geographic information system, GIS)、SG186 系统、采集系统、同期线损系统等运用训练,正确受理咨询,办理供电业务。熟练处理公共变压器台区控制柜,负荷检测,远程抄表、智能电表模拟故障处理、复电,通信模块更换;各种用电故障如低电压检查、线路缺相、电机反转等。二是培训内容将农电工考级和现场实际应用相结合,既能提升岗位技能工资,又能增强员工学习动力和自主性。三是开展新业务能力培训。通过应用互联网、QQ、微信等现代科技手段,加强支付宝、电力应用程序(APP)等系统的推广应用,扩充光伏发电、充电桩的实物培训,要求全员能熟练操作。员工培训做到有计划、有方案、有记录。

4. 推行精准服务，实现"一次到位"

以大数据支撑、O2O服务模式来调整营业厅功能，推行一站式服务，一岗受理，服务一次到位。将现有供电营业厅布局调整为"三大"功能区，即业务办理区、用电体验区和增值服务区，实现营业厅由"业务办理"向"体验+服务+营销"的职能转型，以提升客户体验和感知为目的，实现服务"一次到位"。

（1）业务办理区。营业厅管理实行综合柜员制，日常业务流程图图解和咨询疑问指南，让客户看懂图例，一目了然。通过O2O业务处理闭环管理，实现窗口服务一次到位。营业厅受理用户的用电申请或其他业务，利用系统平台将用电基础信息资料录入系统，通过流程管理，实现业务流程无纸化、业务工单无纸化传递。也可以利用移动作业终端，整合故障报修、报装业务、客户诉求、欠费停复电业务等，快速响应客户服务需求。报修抢修实施"一张工单、一支队伍、一次到达现场、一次解决问题"标准化，实现现场服务一次到位。

（2）用电体验区。营业厅内装设免费无线网络，提供平板电脑，实现"互联网+"在线服务体验。由营业厅服务经理引导客户体验微信、支付宝等网上便捷查询、缴费的渠道。在线缴费体验智能电管家演示台和自助终端机，实现网上购电、实时查询、自助管理。提供24h自助缴费服务，非营业时间也可以使用此自助缴费系统进行缴费。此区域对网格化服务简介、建设措施、职责定位、规范服务、区域分布图+链接等进行展示。

（3）增值服务区。在营业厅设置电子屏展示区域图。通过点击区域图，播放供电公司的最新宣传片、用电小常识和业务视频、电能替代，电动汽车技术推广，分布式电源与智能微电网分类及特点等。可体验智慧家庭互动服务，围绕衣食住行等方面，积极宣传节能服务、充换电服务、电子商务、电力金融服务、表后代维服务等新型业务。

三、试点效果对比

谷城县供电公司自 2017 年在筑阳供电所试点以来，该所连续三个季度在九个供电所的绩效考核总排名中位列第一。

供电可靠性明显提升。95598 报修由 2016 年同期的 1471 次，下降到截止日的 578 次。三相负荷不平衡台区由 2016 年同期的 87 个降为 9 个。

经营效益成果初显。2017 年累计售电量 8413 万 kWh，异损台区占比 2.74%，综合线损率为 4.84%，售电均价 587.95 元 /kWh，内部概念利润 1347 万元，达到建所以来的最好水平。

员工工作主动性显著提高。公开公正的工作积分制考核，让能干事、愿干事、多干事的员工取得合理报酬。1 人获得湖北省一级优秀农电工，1 人获得谷城县"五一"劳动奖章，7 人积极申报技能等级提升鉴定考试，3 人参加学历提升自学考试学习。

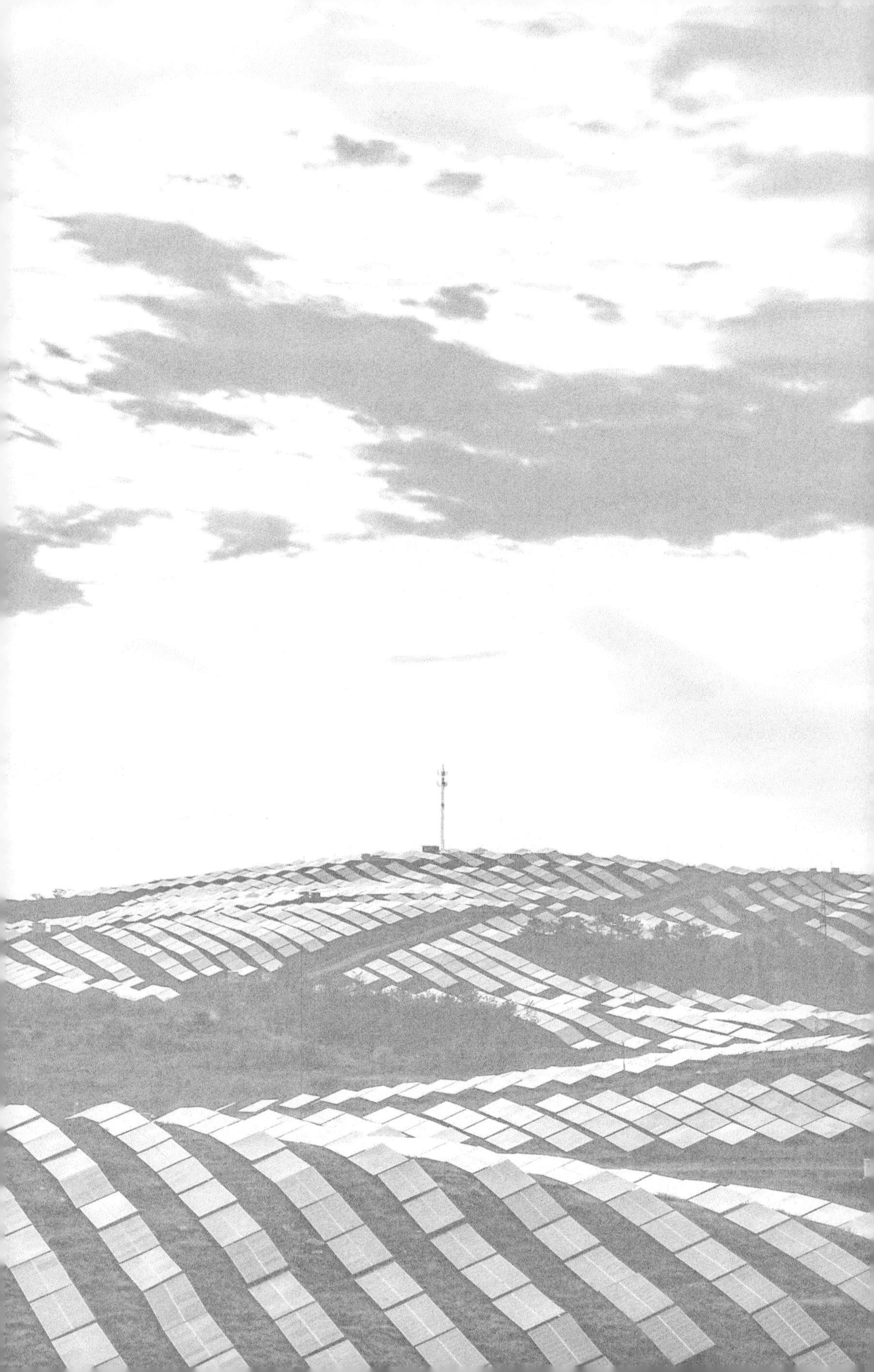

「思考篇」

开展配网故障抢修精益化管理的思考

近年来,电力客户对抢修难问题反映仍然比较普遍。如何解决供电抢修难的问题,根据湖北省电力公司十二项专项工作督导生产管理精益化要求,结合山东、上海电力精益生产经验,对如何推行配网故障抢修精益化管理思考如下。

一、开展配网故障抢修精益化管理背景

樊城供电公司组织了用电客户的抽样问卷调查认为,现在供电公司维修服务人员通常响应时间是1h。但技术水平明显不如从前,故障检查、判断花费时间通常需要2~4h。受访居民大部分不知道"95598"电话。供电线路发生故障后采取的报修方式依次为:自行找人维修;通知物业管理部门;电话报修。受访的社会公众知道襄阳的电力抢修队,但形象标志不明显,不够亲和。受访者期待供电公司提高的依次是:服务质量、线路质量、收费方式和服务态度。受访的集团客户认为供电内部职能部门责任划分不清,造成互相推诿,延误了维修工期。用电最重要的是供电的稳定性,其次是资费的优惠和服务的优质。

根据客户调查中普遍反映的抢修难问题，樊城供电公司提出了精益生产的科学管理手段，将抢修难题变为课题进行变革和实践。精益生产方式是美国在1990年提出的一种较完整的生产经营管理理论。"精"即完美、周密、高品质，"益"则含有利益增加和"精益求精"的双重含义。电力精益生产主要是以电力客户为导向、以创造价值为目的的消除浪费的持续改善过程。

二、配网故障抢修流程现状分析

故障抢修流程优化精益管理是在"抢修流程细分剖析"的基础上开展的。以10kV线路故障为例，我们对抢修流程中的事故告知、诊断汇报、设备隔离、许可抢修、汇报抢修结束、恢复送电六大环节进行了仔细剖析。认真研究每个环节的波动对整体流程运转的影响，仔细寻找每个小环节的卡点并进行根本原因的分析，初步确定：从事故告知到许可抢修的过程占整个流程时间的一半以上，是根本原因的分析重点。

1. 事故告知时间长的原因分析

客户缺乏电力常识或因及时用电心理而故意夸大报修范围，造成报修内容不准确。公司内部信息沟通不够，基础信息不准，抢修属地化管理，职责划分不明确等造成受理人员信息错误，任务下派、专业人员调度有误。

2. 诊断汇报时间长的原因分析

现场抢修时出现人员相互推诿或多批抢修人员重复到场导致不能及时抢修的现象，暴露出各生产单位职责界定不清。

故障集中期，负责抢修的人力资源紧张及抢修考核未能闭环，抢修人责任心、服务意识不强，影响了抢修到达现场时间、速度。

配网自动化科学技术应用有限，故障寻找手段少，主要依靠人工查找。从接到故障通知，调度人员、车辆、到抢修人员出发至少需要20min。郊区线路长、路程远、周边环境差（变化大或不便寻找），城区牵涉的地埋电缆资料不完整、不准确等因素，则需要判断的时间更长。

对现场故障现象辨别能力不强，缺乏针对性的事故预案和演练，处理故障的熟练程度不高，暴露出人员素质较低，专业知识面窄。

3. 故障隔离、抢修时间长的原因分析

故障原因类型不同，所需的工器具和施工材料亦不同，不能一次性及时送达现场。故障的分段隔离，是在调度令下由人工操作，造成抢修现场长时间等待，浪费人力、财力。

设备品种多，备品备件不齐，所需备件的信息不明确，只能用同类备品或向其他单位联系寻求备品备件，造成时间延误。

人员技能单一或受分工限制，内线工不会试验工作，试验工不会外线工作等，现场人员专业搭配不合理，延长故障处理时间。

抢修调度指挥紧凑性不够，人员、材料准备不足，现场与调度信息沟通不畅，造成抢修时间长。

三、配网故障抢修精益化管理的实施

实施配网故障抢修精益化管理"123"工程，即建立一个供电服务指挥中心，持续改进两大系统，实现三个精益管理目标。

（一）建立供电服务指挥中心

近期结合樊城供电公司实际情况，建成供电服务指挥中心，构建统一指挥信息平台。实时监控、信息整合，实现事故原因高效判断。资源共享、优化调度，实现事故的快捷处理。流程再造、业绩考核，实现事故抢修的闭环管理。

供指中心设有职工5人，实行24h 4人轮班，1人常白班。供指中心工作归结为"四个一",即受理一个口、指挥一个脑、信息一个网、考核一支笔。"受理一个口"指接收市公司95598、配网调度指令,受理客户报修;"指挥一个脑"指行使统一调度调配权利;"信息一个网"指各系统通过网络集中展示、实时监控,为值班人员提供故障判断依据;"考核一支笔"指行风办监督考核,变职能管理为流程管理,变结果考核为过程考核,实现可控、在控。

供指中心按应用功能设置了应急指挥区、监控调度区和员工休息区。

供指中心远期考虑成立单独机构,做到抢修资源统一管理,向网格化抢修转变。同时增派生产管理人员参与。生产管理人员应用配网生产管理系统故障报修模块功能负责判断故障并提供处理方案。指令发布人员只发布命令。

(二)运营系统、管理系统持续改进

1. 运营系统持续改进

(1)抢修人员合理配置。

1)人员职责的合理分配。有针对性地整合现有资源,合理适时调整分配人员的职责权限,实现消除缺陷和抢修的职能之间的灵活转换。

2)抢修人员的分区布点。将抢修人员、车辆、物资等资源进行分区布点,平常在各自服务区受理工单,缩短抢修队伍到场时间。故障高发期间,抢修人员在中心统一调度下可实现跨区服务。

3)分包队伍的统一调度。允许分包队伍参与抢修服务工作,壮大抢修队伍,主要解决用户产权部分的抢修难问题。在迎风度夏或故障集中期,分包队伍可作为工作班成员,在供指中心统一调度下参与抢修工作。

4)作业时间的持续有效。按照军事化的管理要求,合理安排抢修人员,实施24h值班,保证作业时间的持续有效,做到故障处理不过夜。

5)一专多能的人才培训。通过"五个一"即每会一课、每周一题、每月自考、每季统考、每年比武等实际操作培训,培养会故障分析、实际操作、应急抢

修、组织施工等一专多能的工作人员,最终实现检修、维护、抢修工作的项目经理负责制,在提升员工专业技能的同时提高工作效率。

(2)抢修新技术推广应用。

1)开展配网自动化新技术的试点应用。以"先进、稳定、可靠、实用、经济"为原则,将配电网的实时运行、电网结构、设备、用户以及地理图形等信息进行集成,实现配电网运行监控及管理的自动化、信息化。其目的是优化电网操作,实现线路故障自动隔离,减少非故障段停电时间,缩小停电范围,有效降低故障的查找时间。

2)开发分布式结构信息资源系统。建立分布式结构信息资源共享系统,实时反映抢修人员、抢修车辆调度情况,及时、准确掌握抢修物资、备品备件的使用及库存信息,实现人员、材料、车辆等资源的有效共享以及信息的及时沟通,保证抢修时有效及时调配各项资源,提高统一指挥调度的准确性。

(3)抢修作业装备统一定置。

1)配置抢修作业装备车,实现抢修车辆的精益化管理。对抢修作业装备车进行改装。设置安全工具区、施工机具区、备品区、办公区,规范抢修车辆装备,对抢修必备的工器具、基本试验设备、备品备件进行随车携带、定置管理,减少材料、设备、工具准备时间,提高故障抢修效率。

2)配置应急发电车。由过去人工隔离故障、抢修、恢复供电向自动隔离故障、重要客户应急供电、抢修、恢复供电转变,加快恢复供电的反应速度,缩小停电范围,减少故障停电时间。

2. 管理系统持续改进

(1)抢修流程完善优化。樊城供电公司重新界定了各部门抢修职责,进一步优化流程。实现抢修任务有效流转,减少抢修任务受理的迂回现象,提高抢修效率。定期召开总结会议,总结归纳抢修工作。一是总结故障抢修的总体情况。二是分析故障原因，为项目储备提供数据依据。三是分析故障抢修过程中存在的不足，提出改进措施。四是讨论客户提出建议的可行性，为下一步工作提供指导，实现以电力客户需求为导向的抢修工作持续改进。

（2）抢修预案有效可行。针对每条 10kV 线路编制线路事故应急预案，明确故障巡视要求、不同运行方式下故障处理与故障隔离顺序，并进行联合演练，提高抢修人员的故障处理熟练程度。建立故障抢修分级应急预案，根据故障报修量与温度成正比关系的特点，拟把 35℃和 38℃作为分级应急预案启动的必要条件，加大抢修人员、车辆配置，保证故障抢修工作有序开展。

（3）抢修服务差异管理。

1）塑造抢修服务品牌。依托"红马甲"，打造服务品牌，让红马甲成为客户心目中的光明使者，有助于扩大供电服务的知名度，提升企业形象。印制"说明书"，创新沟通平台，明确供电部门故障抢修范围、介绍产权分界说明、用电故障的简易判断方法、如何报修及注意事项等。"说明书"可在报装接电时、交纳电费时、抢修服务后为客户发放，也可通过报纸、电视、网络等形式宣传。

2）开展差异服务。根据不同客户的不同用电需求，进行针对性的差异服务，变故障抢修情况为设备隐患整改，最终向日常运维管理转变。根据交费、预付费情况，对居民进行信用等级分类，为居民提供不同级别的服务。如预付费用户可提供一年免费上门维护服务（材料费用另算）、停电信息通告服务、欠费信息预警服务。对集团客户实行客户经理服务制，为客户进行设备健康状况检查，根据检查状况免费提供技术改造建议书；为客户合理用电、安全用电、经济用电提供切实可行的措施；对检修施工引起的停电，除提前预告外，客户经理还需要亲自通知到客户，与之沟通，了解客户的不便之处，争取客户理解；定期对客户进行走访，了解客户所需。通过换位思考，想客户之所想，急客户之所急。

（4）抢修考核内外兼顾。

1）安装车辆全球定位系统。供指中心通过车辆全球定位系统，掌握抢修车辆地理位置信息及服务到位信息，根据用户报修信息对抢修车辆进行考核，达到提高处理电力故障反应速度的目的。

2）建立内外评价体系。把每次电力抢修服务过程细分为受理、行动、评价和总结四个环节，通过"客户服务记录卡"、车辆全球定位系统、95598系统等完善内外部评价制度，明确各环节的工作质量要求，使电力抢修服务形成一个完整、严谨、有序的闭环管理。

3）完善业绩考核制度。实行业绩管理，压缩了原有的不必要的时间浪费，公司纪委将行风的职能管理向流程管理转变，结果考核向过程考核转变。每日公司领导、纪委行风专责到供指中心了解当日抢修服务情况，每周行风例会、每月行风考评会实施抢修内部评价、闭环考核，提高责任心；按"226"绩效考核方式将20%月奖抢修服务纳入业绩考核。

四、配网故障抢修精益化管理目标

（1）实现电网安全稳定运行的目标。运用配电监测系统、调度SCADA系统，配网自动化新技术将故障抢修由过去人工隔离故障、抢修、恢复供电向自动隔离故障、应急供电、抢修、恢复供电转变，解决电网区域性、时段性以及峰谷差等用电压力，实现电网安全稳定经济运行的目标。

（2）满足电力客户需求提升的目标。以客户为导向，站在自我超越与社会和谐的高度，不断自我加压，践行公共服务标杆企业的最佳做法，转变服务观念、创新服务方法、提高服务能力、提升客户满意度。在客户用上电的基础上向少停电、不停电，向高可靠性和高电压质量提升，向供电服务的人性化、高效、便捷等方面发展，满足电力客户需求提升的目标。

（3）树立电力企业良好形象的目标。确定服务品牌，统一执行企业标识，兑现承诺，对外塑造良好的企业形象、产品形象。对内不断提升员工综合素质和管理精细化水平。鼓励创新，肯定成绩，让员工发自内心地喊出一句口号，充分认识自己的工作价值和对社会的贡献，为是供电企业的一员而感到骄傲和自豪。

县级供电公司迎峰度夏（冬）工作分析与对策

县级供电公司作为供电企业最基层执行单元，定位不是一个纯粹意义的企业，但担负着较大的政治责任和社会责任。每年迎峰度夏（冬）工作期间，电网故障和客户矛盾易集中爆发，投诉明显增多，员工劳动强度显著增加。为促使迎峰度夏（冬）工作由被动变为主动、由突发转为常态，县级供电公司通过"155"的工作思路，即树立一个以客户需求为导向，提升供电可靠率、电压合格率、服务优质率、管理有效率、员工满意率"五项指标"，强化专业体系为前提、坚强电网为根本、可靠供电为核心、员工满意为基础、服务优质为秘诀"五大措施"，最终实现企业服务好、管理好、形象好的"三好"目标。

一、现状及问题

（一）供电可靠率低

1. 电网基础薄弱，存在大面积停电风险

一是县域电网一次系统多为单线或单变运行。多级串供、T接，供电半径大，电网抗风险能力不足。二是夏（冬）季大负荷期间，线路输电潮流大、变压器负荷重、过载运行，电网调节裕度和控制手段有限，安全稳定压力大。三是设备老化严重，设计标准低，部分线路自然环境恶劣，线路抵御恶劣气象条件和外力破坏的能力不足，抗自然灾害能力差。

2. 配网建设滞后，供需矛盾突出

配电网建设投资有限，电源点容量及电能输出受到限制，配网网络电源点落后于城市发展，供电"卡口"现象严重。配网结构单一，基本以"树状"方式为主，自动化程度低，不具备负荷转供能力，不满足 $N-1$ 标准。线路通道与城市规划不适应，现场施工条件及投资不允许，造成线路通道不能按规划实施。

3. 外部运行环境恶劣，亟待整治

电力行政执法力度不够。工程施工由于占地和通道受到无理阻挠等影响而延期甚至停工。电力设施保护区内违章建房、野蛮施工、植树种树、围塘挖堰等问题突出。外力破坏引起线路跳闸问题日趋严重，线下各种障碍物所有人恶意阻挠、漫天要价，清理困难。

（二）电压合格率低

电压监测及负荷测量数据显示，配网低电压呈动态发展，低电压问题突出表现在线路配电变压器重载、过载的台区及配电线路供电半径过长线路末端。农村配网低电压形成原因主要为农特产品加工季节用电负荷骤增，迎峰度夏（冬）期间发生在城市老城区和城中村局部地区或线路末端，以及居民用电集中负荷时段（中午11～13时和晚18～21时个别时段）。用户超报装容量用电。非线性设备使用，产生电网谐波，容易导致电压畸变，影响精密用户设备运转。

（三）服务优质率低

一是服务时效低。报装、故障抢修从受理、实施到送电，涉及诸多环节、部门，衔接不畅，处理时间过长，引起客户投诉。二是服务信息沟通不及时。事先未能及时发布停电信息，突发故障抢修过程中未能及时有效地与客户沟通，导致客户不知情、不理解，造成投诉。三是服务质量不高。服务意识、履责意识和业务技能欠缺等因素，导致服务水平和质量不高，造成客户投诉。

（四）管理有效率低

机制不全，工作责任主体与责任人不明确，导致多人负责或无人负责，不能优化运用人力资源。流程不清，缺乏有效沟通，工作衔接不畅，不能做到系统内资源共享的最大化。监督、考核不到位，执行力不高。创新不够，服务措施不优，不能有效提升工作效率。

（五）员工满意率低

结构性缺员，迎峰度夏（冬）期间工作量大、作业强度大、自然环境恶劣、基础条件较差，存在安全风险，有担忧心理。作业地点偏远，交流有限，信息相对闭塞，精神孤独。视野有限，缺乏引导，无职业规划，前景不明。

二、对策及建议

（一）专业体系是客户满意的前提

按照省公司机构设置规范要求，现有县公司机关部室、输配电部、变电部、供电所设置及职能不变。对县城区供电日常管理实施"营配分离"模式。对农村供电所符合服务条件的实施"营配合一"，不符合条件的实施"营配分离、专业管理"模式。迎峰度夏（冬）期间，实施"95598"大管理体系模式。

1. 城区配网

"营配分离"模式：在正常管理工作中，以客户服务中心为主体，组建营销队伍，从事用电业务受理、营业管理等。以输配电中心为主体，组建运维队伍，从事10kV及以下线路的检修、维护及故障抢修。

2. 农村配网

"营配合一"管理模式：对农村供电所人员进行安全能力评估，对具备条件、符合资质的，实施"营配合一"管理模式，负责该供电区域的用电业务受理、营业管理，以及10kV及以下配网检修、抢修和维护工作。

"营配分离、专业管理"模式：对不符合"营配合一"条件的供电所，建议省市公司加大低压远抄、负荷控制终端等数字化设备的投入。县公司抄表中心、电费核算中心，依托科学技术，在城区远程办理抄表核算等核心业务。原营销咨询、催存等低端工作，可实行业务外包，对外包公司按售电利润、指标进行考核管理。供电所主要从事配网设施的运行维护和抢修服务。

3. 95598大管理体系

按照"123"的模式组建95598大管理体系，压缩管理层级，减少服务环节，提升服务效率。

一个平台：以客户需求为导向，由省公司搭建一个相互关联、资源共享的信息实时平台。整合95598客户服务呼叫系统、SCADA系统、生产信息系统、安全监督系统、车辆调度系统、故障抢修系统等信息与数据资源。该平台信息主要供95598座席人员查询判断，亦可为管理人员使用。

两个流程：一是故障报修类流程。市公司95598工作站在接到客户工单时，依托信息实时平台进行类型判断后，对各县公司95598工作站及县公司对应区域的掌上电脑（personal digital assistant，PDA）同时分发工单，持PDA的抢修人员收到工单指令后到现场处理。县公司95598依据收到工单，负责督办和监控，由此形成"双保险"。PDA由公司统一配置，内设统一故障抢修标准化流程。二是咨询、投诉类流程（不需现场处理）。直接对各县公司95598分发工单，再转相关部门处理。

三大职责：一是远程服务职责。负责接听受理客户咨询、投诉、故障报修业务。负责对服务工作进行指挥与监控，另设立"技术专家座席"，人员3～5人。

涵盖营销、生产、法律等专业。专家通过信息实时平台与PDA对接现场人员给予技术支持。二是现场服务职责。在迎峰度夏（冬）时期，县公司以满足客户需求为导向，组建临时抢修机构，亦可成立类似公安巡警支队式的正式机构。由配电中心、客户服务中心、城区供电所人员共同组成抢修服务队。其工作职责是接受95598统一指挥、调度、协调所有工作。以配电中心为主体抢修队负责故障抢修全过程现场服务。服务品牌建议由省公司整合现有"电力红马甲""××服务队""家政电工"等，按照家电国网公司企业文化"四统一"的要求，形成统一的湖北供电服务品牌，建立品牌服务基金，并对该服务品牌及基金进行管理与运作。拓展延伸服务领域，对客户资产部分推行有偿服务模式。三是管理服务职责。负责工单督办、现场服务规范督导、窗口服务监管等。负责供用电信息发布、客户投诉反馈信息收集、客户沟通与回访等。

（二）坚强电网是客户满意的根本

1. 专业机构强化电网规划

按"统一规划、分级管理"的要求，县级公司积极参与并对上级提出规划需求和建议，负责中低压配电网规划，做到滚动调整、归口管理。县级公司层面从机构人员、资料及自身需求着手，做好规划的前期工作并提出符合实际的项目储备。

机构人员职责：县公司应设置规划设计机构。若不能设置机构的，应在县公司生产技术部设专职规划人员2人。建议省公司统一规划机构设置和人员编制。负责制定规划导则。明确省、市、县公司规划人员的职责。市公司对任务进行分类及安排，并督办落实。组织各类专业培训，如电网分析、项目储备原则、规划原则等，培养高素质的规划人员。县公司负责收集及分析历年数据、上报规划需求、储备项目及反馈意见。

县公司规划工作内容：全面普查县域电网设备台账，利用ERP、PMS、

SCADA 等应用系统，实现设备台账电子化、设备图片化、信息网络化。和上级公司及地方相关职能部门加强沟通，获取上级及地方电网规划、城乡规划、经济发展纲要、气象、电子地理信息地图等资料。梳理故障分析、运行分析等电网分析、电网运行环境等历史数据。参与上级组织的培训班，与兄弟单位交流学习，与政府部门交流互动，了解电网规划的思路和规范原则，储备规划人员。在项目可行性研究阶段提出结合实际的建议，例如：负荷发展趋势，区域网架构建，老旧设备改造，用电投诉高发区域的规划调整，线路通道扩建，差异化设计等。

2. 综合分析强化项目储备

（1）深度分析。县公司组织开展运行分析，输电工区、变电工区、调度中心对 35kV 及以上输变电设备进行分析，做到一事一分析、一月一分析。供电所及配电中心、调度对配网设备开展分析，做到每周一分析、每月一统计。并于每周生产例会、月度安全生产分析会上，分析设备和线路重载、过载、故障、缺陷等情况，评估设备运行状态，分析其对可靠优质供电的影响因素。规划人员依据分析结果细分负荷发展时间、空间、数量等，进行统计、分析、归类。依据规划原则，规范编制储备项目。

（2）广泛储备。以分析数据开展项目储备。将运行状态不良、低电压、重载等设备纳入项目储备库，进行常态储备。对于因地方发展、客户需求等而产生的难以估测的项目，进行动态储备。按照轻重缓急，进行短、中、长期项目分类储备。对于共性、家族性问题，农村（尤其是山区）电网中低压线路供电半径过长问题，成立课题组，研究、攻关，进行专项储备。35kV 及以上电网依据 110kV 及上级电网电源点分布兼顾地理分布及负荷需求均衡分散分布，以乡镇为中心建设 35kV 变电站，逐步形成供电区域内环网供电，缩短 10kV 线路供电半径的需求储备项目。实现电源接入系统分层、分区，减少多级串供，逐步消除单电源、单台变压器现状，形成网格分布、"手拉手"供电。加强与上级公司、地方政府等职能部门的沟通和交流，争取项目支持。

3. 节点审计强化电网建设

依据《湖北省电力设施建设与保护条例》和《电力安全事故应急处置和调查处理条例》、湖北省电网建设管理办法等对电网建设项目进行节点化管理。省公司每年第四季度应完成本年度的故障分析和下一年度迎峰度夏（冬）的项目审查、项目批复及物资招标等。建议省公司利用农网升级改造的机会，探索在技改和基建项目中，建立中低压配网的固定投资渠道和投资体制。同时希望上级部门在项目审批上，综合考虑社会效益、经济效益、负荷需求、供电区域面积等要素，再依据项目储备质量批复项目。

市公司负责电网建设及改造项目节点审计。可按年度、单项金额工程进度等项目进行审计。负责审核储备项目、工程计划进度、安全文明实施细则、实施方案。协调安排相关部门进行前期勘测、可研编制、初步设计等。监督电网建设及改造项目实施、验收。负责推广新技术、新设备学习培训等。负责发布电网建设与发展白皮书。

县公司参入电网建设项目前期勘测、可行性研究及初步设计等工作，与地方政府沟通，获得相关批复。对重点工程的领导和协调，组织电网建设项目实施。合理安排工程进度，严格工程质量监管，组织工程验收，配合工程节点审计，确保迎峰度夏输变电工程每年5月30日前投产。按年度编制电网建设备忘录。

（三）供电可靠是客户满意的核心

1. 三细化强化管理责任

（1）细化责任。电网设备维护管理以"划小范围，承包到人，团结互助，精心维护，减少故障"为宗旨。实行设备维护负责人挂牌责任管理，推行"设备到人、管理到人、考核到人"的管理模式。突出预防—实施—完善的维护工作的三个阶段。电网设备维护管理严格做到"四有"，即有计划、有检查、有跟踪、有考核。

（2）细化目标。从电压合格率、供电可靠率、巡视质量、设备故障率、缺陷处理率等方面进行考核。将所有的线路设备评级。设备评级方案按照线路等级、线路长度、设备等级、设备数量、供电量、社会影响等六大方面进行综合评分，并依据线路设备评估分值合理搭配，按线路地域、环网等因素搭配，按设备单元交维护负责人实施目标管理。

（3）细化周期。县级供电公司召开每月考评会和周生产例会控制生产过程。重点是周例会，即每周关注目标计划，出现异常，立即诊断，防止日积月累计划失控。将年度、月度生产计划细化到周生产计划。周五的生产例会由生产技术部主持，10个部门主任参加，会议时长1.5h。部门汇报生产计划完成情况、下周计划、安全稽查情况、需要协调解决的问题等。生产技术部集中审批停电计划，对"周生产检修计划"及停电时间、范围进行测算和审核，严格控制停电"时户数"，推行状态检修。布置下周检修停电计划，对通报问题提出解决方案，布置下周工作。

每月召开月度生产分析会，统筹考虑迎峰度夏期间电网运行、设备状态、隐患治理以及可靠性等因素，兼顾反事故措施、基建、市政、技改等要求对"月生产检修计划"进行审核，确定月检修计划和停电预安排计划。同时，通报生产计划、停电"时户数"等完成情况和考核奖惩结果。

2. 三统一强化运行管理

（1）电网改造统一规范。以可靠性为导向，按照逐年实施模式，建设网架简单的坚强电网。认真编制改造实施方案、负荷转移方案、应急预案等。统一执行省、市公司运行规定、典型设计、工艺标准，采用招标设备。按照三标两率标准打造一批不同层面、不同电压等级的标杆变电站、线路、台区。

（2）管理制度统一实用。统一修订修编生产管理制度，在电网运行方面坚持定目标、定策略、定计划，做执行、做检查、做修正的工作模式。开展运行分析、事故障碍专题分析、事故预案编制，缺陷闭环管理，10kV基础资料动态管理。按照"一快六制"工作方法,积极开展可靠性目标管理、过程控制、闭环考核。即树立"快速隔离故障段,恢复无故障段供电"理念,实施指标预算制、先算后停制、停电联席制、带电作业制、方案审查制、月度考核制等六项制度。

(3) 运行维护统一标准。开展标准作业,做到设备巡视检查到位、消除缺陷整改到位、关键设备预试定检到位、专项反事故措施落实到位、重要技改项目整改到位。利用配电监控系统、雷电定位系统、电网能量系统开展配网设备运行状态实时监测工作。按期完成电网季节性检修、试验、技改工程。结合电网的特点,针对洪水、高温及冰冻等各种自然灾害及时完善各类应急预案,制定和完善《变电站全停应急预案》《输电线路倒塔应急抢修预案》等相关预案,做到一站一线一预案。加强应急演练、地市公司督办应急机制建立和预案完善。县级公司根据预案开展变电站全停及输电倒塔抢修等一系列事故演习,班组要演练人员到达现场的速度和处置技能。

3. 三机制强化设备管理

(1) 隐患治理机制。一是督促安全生产保证体系和监督体系各司其职,按照"谁主管、谁负责"和"全方位覆盖、全过程闭环"的原则,多角度、全方位、深入细致地排查事故隐患;二是各专业职能部门将定期检查事故隐患管理情况,按照闭环管理流程进行隐患管理,做到整改措施、责任人、整改期限、资金和防范措施"五落实";三是积极组织开展隐患管理专业培训,深入学习隐患排查治理办法、实施细则及国家电网公司"事故隐患范例";四是严格按照隐患管理"一患一档"工作要求,建立事故隐患管理档案,动态跟踪并更新隐患治理进展情况;五是对发现的事故隐患迅速评估、定级,填写"重大(一般)事故隐患排查治理档案表",录入隐患数据库并跟踪督办。

(2) 技术监督机制。一是从电网规划设计、建设运行、检修维护各个环节开展技术监督。如针对迎峰度夏(冬)的季节性工作特点,在高温高负荷时段,开展负荷测试、红外线测温等设备运行监测和异常分析。在雷雨季节来临之前,重点开展避雷器、接地装置等防雷设施的测试工作。冰冻雨雪来临时，开展覆冰监测，拉线整治，对设备油位过低、杆根埋深等情况进行重点巡查。严把设备投产交接试验、运行设备状态测试等。二是坚持专业技术监督与单一设备技术监督相结合，坚持与电网发展实际相结合，延伸技术监督的内容和范围。三是建议省公司层面电力研究院加大对基层技术指导。研究基层电网故障在技术方面的问题。出台技术标准、安装工艺，研制开发电气产品，挂网运行，最终形成具有自主知识产权的产品，逐步摆脱过分依赖厂家技术力量的现状。

（3）需求侧管理机制。一是合理引导。建立客户大功率电气档案，掌握客户负荷变化情况，在迎峰度夏期间，引导客户错峰避峰。二是严格把关。对客户受电装置接入重点把好"四关"：设计、施工单位资质审查关，设计图纸审查关，招标设备资质审验关，竣工验收准入关。建立电力企业和用户沟通联系机制，按照《供电营业规则》规定对重要客户电工资质进行审查，把好人员关。三是有效监管。建立用电检查工作管理机制，举办技术培训和职业道德教育培训班。加大用电稽查力度。对高危客户进行重点监管，建立客户接线方式、用电信息、设备运行情况、事故及障碍、应急预案、联系方式、设备台账等档案。对客户设备事故、障碍实行"四不放过"，督促客户隐患整改，对拒不整改者，依法终止供电。四是积极履责。对破产倒闭企业未开放的用户按照实际情况区别报装，少量用户按正常方式报装，较多数量的用户规划进项目储备中解决。

（四）员工满意是客户满意的基础

针对迎峰度夏（冬）期间天气条件恶劣、超负荷工作现状，从安全、人文、发展三方面出发，提升员工幸福指数，降低员工心理压力，让员工安全愉悦地工作。

1. 打造安全环境

（1）提升安全意识。省公司修编安全生产奖惩规定等安全规章制度。策划部署"安全第一，生命至上""百日安全行"等专项主题活动。市公司建立安全警示教育室。落实安全规章制度。组织专家举办《国家电网公司电力安全工作规程》（以下简称《安规》）、《工作票操作票实施细则》培训班。举办"生命第一"安全管理主题讲座，邀请安全管理专家送教上门，为员工讲授安全管理课。开展网上月度《安规》考试，各单位每月按照10%的比例组织员工开展网上《安规》考试。开展《安规》知识抽考，在全员普考基础上抽选部分人员进行抽考。县公司组织《安规》知识培训，并完成全员普考。组织员工观看安全警示片。利用班组安全活动日，组织员工开展"我承诺、我宣誓""安全事故反思""亲情助安""无人身事故年"、两票填写竞赛等安全生产专项活动。开展事故模拟、紧急救护演练，发放安全好习惯卡片，形成良好的安全意识。

（2）健全安全保障。省公司着重建立安全生产长效机制，下发年度安全工作意见，实行专项行动常态化管理，推进安全风险管理。市公司抓制度建设及督办落实省公司各项制度及规定的实施。推进生产现场领导干部和管理人员到岗到位规定、安全生产理性会议制度等。审核县公司安全项目实施细则，编制事故应急处理预案等。县公司将省公司、市公司及本单位到岗到位规定整理汇编，印制成合订本，便于携带查阅。编制安全项目实施细则，加强安全风险管理。编制事故应急处理预案，加强应急管理，做到事故管理统一指挥、统一调度。加强员工健康管理，全员每两年组织一次体检，一线生产员工每年组织一次体检。作业现场配置小药箱，安放防暑降温等实用药品。建立工器具管理台账，及时更换不合格安全工器具，配置各种新型安全工器具。

（3）强化安全监督。省公司组织开展专项安全监督。整合生产信息查询系统、PMS系统等。市公司制定生产信息报送考核制度、工作票评价考核办法。成立安全稽查中心，具体负责制定安全稽查管理方面的规章制度和办法，监督检查各单位安全管理、安全稽查及安全例行工作的开展情况。实行违章举报等强化施工作业现场的安全监督。县公司负责生产现场信息录入，公示应上岗到位领导，强化对现场作业的管控力度。推进标准化作业现场管理与建设，给予标准化作业现场奖励。落实作业现场领导上岗到位、安全稽查。

2. 营造人文环境

（1）企业文化入心。省公司开展企业标识推广，统一工作服、安全帽等安全防护用品，统一窗口建设，塑造统一的"国家电网形象"。市公司开展企业文化专题讲座，组织开展公司内先进典型选树活动，形成企业品牌文化认识。县公司举办故事会、读书活动、拓展活动、红歌赛，建立文化长廊、微笑墙等，建立企业共同愿景与个人目标。

（2）爱心文化暖心。设立"520"爱心基金，建立困难职工档案，帮扶困难职工。建立职工活动室、文化书屋，关心员工文化生活。开展饮水工程，建立爱心食堂，提升员工归属感。领导在节假日进行慰问、走访，夏日送清凉，冬天送温暖等，加大员工幸福感。组织登山、足球比赛、职工书画比赛等丰富多彩的业余活动，增强企业员工凝聚力。

（3）亲情文化贴心。开展员工家属进现场参观、员工子女暑期联谊活动、职工家属恳谈会等，构造和谐的家庭文化氛围。组织职工疗休养、趣味运动会等，促进员工间互动沟通。开展亲情文化"五个一"活动，即一篇亲情征文、一条生日祝福短信、一封家书、一张班组"全家福"、一张亲情卡片，提升员工满意度。

3. 创造发展环境

（1）创建成才通道。省公司建立人才培养工作格局和长效机制，制定绩效考核办法，建立人才库，通过各级专业比武等进行人才储备，完善企业人才库建设。市公司引导员工参加学历教育，对口指导提高专业技术资格评审通过率，开展针对性培训，加强专业人才的培养，通过各级专家人才评选，评选"首席员工"，对优秀突出人才在职位晋升和评先评优方面给予优先考虑。县公司实行岗位动态管理保证员工队伍规模适当、结构合理。强化过程积分，量化考核。以绩效管理考核，评选"十佳"员工、优秀工作负责人、迎峰度夏（冬）先进个人等为手段。

（2）搭建成长平台。省公司对新进员工进行岗前培训，对岗位变动员工进行岗位培训，提升岗位技能。举行职工技能运动会、辩论赛等形式多样、内容丰富的比赛，发现、储备人才。市公司引导员工职业规划，组织各类专业培训、综合素质讲座，提升业务技能水平。开展内训师比赛，推进百家讲坛，储备讲师人才。通过成立工作负责人俱乐部，举办解说员比赛和演讲比赛等，培养沟通、协调等管理能力。县公司定期组织学习讲座、新进员工座谈。推动导师带徒、头脑风暴，组建课题攻关小组，增强创新活力。

（五）服务优质是客户满意的秘诀

1. 让声音笑起来，强化远程服务

建立两大支撑系统，通过远程语音服务，解决简单的咨询、疑惑，引导客户方便快捷地解决用电困难，让客户需求得到满足，让声音真正微笑。

（1）强化技术支撑。依托信息实时平台、PDA、电话等技术载体，答复客户、督办落实、排除故障、恢复供电。县公司95598在接到市公司95598工单后，依托省公司信息实时平台，迅速定位、搜索故障区域供电情况，并做出相应措施。对于咨询类工单，95598座席人员及时予以解答、指导。对于故障抢修类工单，95598技术专家及时进行初步判断，同时通过PDA、电话等告知供电抢修人员、车辆服务部门、物资供应部门等协同单位。以短信和电话的方式告知停电区域客户故障情况及预计恢复供电时间。供电抢修人员根据PDA传输的信息，及时开展抢修检修工作，并结合现场实际情况，将信息反馈至县公司95598，县公司95598及时指导、督导现场抢修工作。

（2）强化管理支撑。建立考评机制实施外部评价、内部考核。着重对营业窗口、故障抢修时限、业扩报装收费等加大考核力度。聘请社会"行风监督员"，开展行风暗访工作。安装视频监控、服务质量评价等信息化系统，加大监管力度。开展服务内容、办事程序、申报材料、承诺时限、收费标准、联系电话"六公开"工作。95598 按照《国家电网公司供电服务"十项"承诺》要求，实行服务人员跟踪督查制度。健全信息发布、应急管理、舆情监督等机制，对内发布生产计划信息，对外发布供用电信息，实现信息共享最大化、管控一体化。整合生产计划、报修、业扩报装、95598 呼叫等流程，实现管理工作的统一、流畅。

2. 让灯先亮起来，强化现场服务

围绕客户需求，推行让灯先亮起来理念，现场服务实现抢修快速反应、抢修工作多专业支持的格局。

供电公司资产部分实行分区管理与分包队伍参与相结合的方式。一是分区管理。成立生产营销等专业合一的抢修服务队。将抢修人员、车辆、物资等资源进行分区布点，实行 24h 值班，明显缩短抢修队伍到场时间，同时可实现跨区服务。在高负荷以及恶劣天气时段，对重点线路、重要场所实施蹲点服务。二是分包队伍参与。允许分包队伍参与抢修服务工作，壮大抢修队伍，主要解决抢修人员不足问题等。在迎峰度夏（冬）或故障集中期，分包队伍可作为工作人员参与抢修工作的统一调度、指挥。

客户资产部分推行有偿服务模式。以省公司统一的服务品牌为依托，以县公司 95598 为指挥中心，为客户资产部分排障及检修、电气设备调试及运行维护、电路设计、安装等客户的其他延伸需求提供服务。对服务人员进行统一编号，公布其姓名、特长等资料，供用电客户选择。客户可根据自己需要，通过电话或登录网站自由选择服务人员和缴费方式，解决自身用电困难和问题。收费方式可采取年度、季度会员制和单次缴费制，由客户自行选择。对于特困户、孤寡老人等特殊群体，可实行免费服务，成本可由省公司成立的品牌服务基金列支。

3. 让心连起来，强化窗口服务

践行"你用电，我用心"国家电网品牌服务承诺，与时俱进地改进服务措施，做到与客户心连心的亲情式服务。

（1）客户服务亲情化。定期主动走访客户，掌握客户用电信息情况，及时调整供电服务策略，合理引导客户用电。营业窗口实施"无午休、周休制"。打造"客户VIP"绿色报装服务通道。建立业扩报装项目经理制，定人定责，实施"一站式"服务、报装上门服务、集中报装专场服务，"只要您一个电话，余下的事情由我来办"。实行"一口对外"，进一次门、找一个人、交一次费、确保一次办成。积极开展带电作业、"零点"作业，集中、统一开展检修维护，尽可能减少停电时间。加强破产倒闭企业客户"户表开放"管理，积极争取政府和用户出一点、申请上级公司拨一点、自筹一点等多种方式筹措资金进行改造。

（2）综合服务"三小"化。一是小网站。在社区、广场等人员相对集中的地方，建立集供电信息发布、用电信息查询、政策法规、安全用电、电力特色服务、投诉建议等于一体的供电服务网站，架起信息沟通桥梁。二是小课堂。采取与学校联合的方式，聘请专业老师开展用电知识、法律法规等讲座，发动学生担当义务宣传员，选拔"护线小天使"。积极联系各村镇电影放映队，播放用电知识类宣传片。举办安全用电知识课堂，培养农村用电明白人，营造安全用电环境。三是小分队。结合省公司统一服务品牌的推广与运作，成立故障抢修服务小分队，实行24h值班，及时上门服务，为客户排忧解难，树立优质服务品牌形象。

（3）人员素质专业化。实施绩效考核、竞聘上岗、末位淘汰、服务考评等机制。开展"学、考、赛、评、奖"活动。学《供电服务一本通》《国家电网公司供电服务"十项承诺"》《国家电网公司员工服务"十个不准"》等。考每周一题、随机抽考、"窗口"技能等，考核掌握程度。赛供电服务知识、礼仪展示、业务竞赛、技能比武等。评每周"服务之星""岗位明星"等。奖微笑服务先进、客户满意先进等。

新冠肺炎疫情带给供电企业安全管理的启示

2020年1月,来势汹汹的新冠肺炎疫情,让这个冬天格外寒冷,搅乱了春节的欢庆气氛,也打乱了经济运行的本来节奏。

为此,在以习近平同志为核心的党中央坚强领导下,全国上下共同抗击疫情,采取了多项防控措施,打响了一场与新型冠状病毒的战"疫"。这场疫情防控阻击战也给供电企业的安全管理带来了诸多启示和思考。

一、生命至上是安全管理的初心

新冠肺炎疫情发生以来,习近平总书记多次强调,要把人民群众生命安全和身体健康放在第一位。从决策封城,建设火神山医院、雷神山医院和方舱医院,到军队支援,一省包一市对口支援,再到"应收尽收",不放弃任何一个患者,这些都充分体现了党对人民健康高度负责的情怀与担当。

"生命至上,安全第一"是电力安全生产的基本理念。安全管理重在人身安全,对生命的敬畏就是安全管理的初心。作为安全管理者就是要牢记"生命至上"的初心，当好"三种人"，守护员工的生命安全。

（1）当好一名有情怀的人。人最宝贵的是生命，没有生命一切都无从谈起。作为安全管理者，就要做个有情怀的管理者。当员工受到安全伤害，管理者内心会感到深深不安，只有拥有这种情怀才能去严格要求，而不是麻木不仁。要深化湖北省电力有限公司十大安全理念，充分发挥现场作业人员的主体安全作用，不折不扣执行安全规章制度，让"生命至上，安全第一"真正成为价值取向、行为习惯、思维模式和工作作风。只有当好一名有情怀的人，才是对生命的尊重，才是对家庭的关爱，才是对企业和社会最大的奉献。

（2）当好一名安全"吹哨人"。湖北省中西医结合医院呼吸内科主任张继先同志最早判断并坚持上报新冠肺炎疫情，是为疫情防控工作拉响警报的第一人。作为安全管理者，就应做一名能看到地平线上升起桅杆的人，当好一名安全"吹哨人"。用超前足够时间裕度辨识安全风险，避免风险引发的"蚁穴溃堤"。树立严管才是"真爱"的思想，对于违章行为要"小题大做"，发现一起，严肃查处一起，做一名无事找事的安全"吹哨人"。

（3）当好一名安全"守夜人"。安全规章制度始于制定、基于执行、成于落实。从各类检查、巡查、督查中可以发现，各单位均不同程度存在对安全要求贯彻不到位、安全问题整改不及时、规章制度落实"短路"或"断路"等问题。因此，安全管理者要当好"守夜人"，加大安全履责执行力度，深入开展安全生产检查问题整改，切实解决安全工作执行中存在的问题。以"守夜人"的天职，将各项安全工作要求和现场安全措施落实到位，筑牢安全生产防线，确保长治久安。

二、科学技术是电网安全利器

这次抗疫战斗中，钟南山院士在广州对武汉进行远程智能会诊；金银潭医院8台体外膜肺氧合（ECMO）、6台高流量呼吸湿化治疗仪，中科院武汉病毒所1

月 2 日获得 2019 新型冠状病毒全基因组序列，这些都是抢救危重病人的明星重器。供电公司作为大型公用民生保障企业，特高压技术已经处于世界一流水平。但在自然灾害等不可抗力的意外事件发生时，电网还是会受到影响和损坏。新冠肺炎疫情时期，电网安全可靠供电，点亮医院，极大增强了战疫信心。与此同时，电网技术和电网装备的研发应用水平也在疫情的倒逼下加速提升。

（1）推进远程智能服务。新冠肺炎疫情防控期间，杭州利用实名认证、人脸识别、大数据云计算等技术，建立防疫远程自助登记系统和疫情防控数据信息平台，极大提高了防控排查的准确性和效率。在这次疫情下，供电企业面临既要保供电又要保员工健康安全的双重挑战。基于大数据的网上远程智能服务，通过增强现实等技术进行远程指导，是破解这一问题的有效举措。襄阳供电公司推进网上国网在线自助服务，开展远程办公、视频会议、网上学习考试，实行远程安全稽查。

（2）推进智能在线监测。新冠肺炎疫情期间，为避免交叉感染、缓解人员压力，需要充分利用物联网、大数据、人工智能等数字化技术，对用户用电情况、电网运行状态和设备健康状态进行综合监测和实时掌握，预判用电异动和设备隐患。供电服务指挥中心运用智能指挥系统精准辅助故障研判，实现一次派单、一支队伍、一次解决，提高故障抢修时效，降低人员风险；某供电公司通过用电信息采集数据对复工复产企业进行精准"画像"，累计为 70 余家复工复产企业提供可靠电力保障，受到政府、客户好评。

（3）深化科学技术研发。火神山、雷神山、方舱医院，运 -20 军用大型运输机出动，口罩、防护服大量生产，给了人们抗疫信心和利器。这些背后是中国制造、中国速度、中国实力的综合表现。新冠肺炎疫情期间，襄阳供电公司利用机器人、无人机进行电力设备巡检，工作人员在后台就能够实时掌握设备运行情况。利用智能化巡检，减少人力投入，提高运维效率，有效保障了电网正常运行。不久的将来，供电抢修中的直升机巡检、电网成套电力设备运用（如 110kV

移动变电站、车载箱式变压器、移动试验车），以及树脂电杆等新技术、新设备、新材料必将加速到来，成为保卫电网的安全利器。

三、应急管理是安全供电必修课

此次新冠肺炎疫情持续时间长、波及人群及行业广。疫情防控机构对用电可靠性的要求提高，但参与应急的供电保障人员也存在感染风险。从此次疫情防控和历年供电应急抢险暴露出来的问题来看，需要在以下方面进一步提高应急管理能力。

（1）强化应急组织管理。进一步完善统一指挥、分层负责、协调联动的工作机制。应急演练要根据应急预案调动应急队伍，考核应急装备使用，注重电力应急管理的情景构建和复盘推演，通过对突发事件造成的不确定性事件极其细节化的情景描述，完善应急管理工作的各项细节，检验预案的可操作性。运用区块链技术实现信息报送口径一致性，利用大数据技术实现灾害期间的海量数据处理，支撑电力应急管理平台建设。如各单位利用大数据等信息技术形成日报，实现信息共享。

（2）强化应急物资储备。新冠肺炎疫情初期，医用物资频频告急。电力建设物资除武汉两座应急医院用量较大外，其他基本是常规型号调配。如果遇到洪水、大风、冰冻，夏季高温电网负荷叠加，交通管制，通信中断等特殊情况，供电应急物资是否能满足最大峰值需求？因此，各单位要根据历年供电救灾经验，在不同地区、不同地形、不同气候，储备不同电压等级成套物资，明确最大峰值需求的物资来源方式，完善各单位中心库＋区域库＋供应商协作方式和两级应急作业装备库的建设。注重应用区块链技术解决灾害期间的物资调配、资金结算等难题。

（3）强化舆情应急管理。自媒体时代，公众以极低的门槛和极快的传播速度成为信息的创造者和传播者，但同时也使谣言有了滋生的土壤。供电关系社会公共利益和公众安全，供电中断、安全生产事故往往会引发社会高度关注，甚至造成恐慌。各单位要借鉴新冠肺炎疫情舆情处置的经验教训，一是主动发声，满足民众知情权。二是及时邀请第三方权威，增强民众信心和定力。三是切割事件利益相关方，满足民众监督权。

四、专业人才是长治久安的资本

新冠肺炎疫情期间，全国调集医护人员4万多人支援湖北，彰显专业人才力量。供电公司是技术密集、人才密集、专业性强的行业，人才培训是公司科学发展的一项重要基础工作，通过培训提升各级安全管理人员专业水平是非常具体、十分现实的需要。

（1）健全培训工作体系。健全人资归口、专业主导、分层分级、共建共享的培训工作体系。按照"实际、实用、实效""不贪多求全，不搞一刀切"的原则，针对实际工作发现的问题和难点，按对象、分专业、分阶段，明确培训要达到的效果。充分用好各单位人才激励和培训经费政策，引导各专业人员掌握基本知识，熟练基本技能，锤炼基本作风，补齐业务技能短板，为员工搭建学习交流、施展才能、提升技能的安全工作培训平台，带动专业整体水平的提高，成为各单位人才发展的加速器。

（2）开展人才培养行动。湖北省电力有限公司在调度、信通网络、高压电缆制作与试验、配电二次自动化、带电作业、机电一体化等岗位依然缺人。开展技能人员应知应会培训和岗位适应性培训，加大核心生产骨干、内训师、供电所负责人等关键岗位人员培训力度。同时，员工个人也要自主学习，考取岗位执业资格证书。立足岗位成才，不断提高员工专业技能，增强全员安全能力，打造一支想安全、会操作、能带头的本质安全型队伍。

（3）创新远程培训方法。新冠肺炎疫情防控期间，大部分人员处于居家隔离状态。为积极推进复工复产，襄阳供电公司创新开展"春季安全学习周"线上直播空中课堂、"人在家隔离，线上学安全"考试活动，员工在家点开手机就能学习《国家电网公司电力安全工作规程》，并进行自我模拟测试和抽考。不断推进网上学习，培养身边内训师队伍，建设电教室，有序开发网络学习资源，实现共建共享。建立学习档案，将学习成果运用在个人评价考核中，促进远程教学持续发展趋势。

"四要素"建设本质安全

安全工作必须提高政治站位，始终把安全生产放在各项工作的首位，清醒认识当前安全生产工作的复杂性、艰巨性和严峻性。襄阳供电公司从提升人员综合安全能力、精准防控电网安全风险、深化设备精益运维管理、严格安全管理制度落实"四要素"入手，狠抓安全管理，取得了明显成效。

襄阳供电公司安全形势稳中有忧、稳中有险。人员方面，少数管理人员履责意识不强，局部安全管理弱化，作业人员技能整体不高，仍然存在人身事故风险。电网方面，城区220kV容载比低于下限，部分设备超重载情况依然存在，智能保护装置技术不成熟，城乡配网发展不平衡，仍然存在五级电网安全风险。设备方面，老旧设备占比大，重点领域隐患治理缓慢，仍然存在五级设备风险。管理方面，部分单位领导管理穿透力不强，少数部门专业管理弱化，一些管理人员安全履责不主动、不积极。

针对上述情况，襄阳供电公司坚持"安全第一、预防为主、综合治理"的方针，加强人员、电网、设备、管理四个安全要素建设，开展分类分级和差异化两方面安全监管，在"计划、布置、检查、总结、考核"生产工作的同时，推进本质安全"四要素"建设，提升襄阳供电公司的本质安全水平。

一、提升人员综合安全能力

安全生产关键在人，员工的综合能力对于确保安全生产具有至关重要的作用。襄阳供电公司强化全员安全意识，加强安全制度的宣贯、学习和落实。坚持开展"一把手"讲安全、新春第一课等活动。落实领导每月至少参加一次基层班组安全日活动要求。

提升人员业务素质，坚持开展"基本知识、基本技能＋基本作风"培训。持续组织"两票"上门培训、分包队伍能力评估等工作，深化"三有三无六统一"标准化作业现场创建。

加强安全作风建设，继续弘扬"求真务实、严谨细致、从严管理、雷厉风行、甘于奉献"五种优良作风，实行准军事化管理，提升安全管理穿透力。

加强员工队伍建设，完善薪酬激励机制，向关键岗位、高端人才、生产一线、艰苦边远、克难攻坚"五种人"倾斜，确保五种岗位留得住人、稳得住心。

二、精准防控电网安全风险

电网安全对保障国家安全、社会稳定、人民幸福的意义十分重大。补强电网结构，精准优化主网、配网和农网发展规划，协调推进城乡配网发展，加快实施220kV牛首变电站新建、老河口变电站扩建等工程项目。

加强电网运行控制，合理安排年度和特殊时段电网运行方式，科学制定控制措施和事故处置预案，加快智能电网调度控制系统（D5000）实用化工作。加强电网风险预警管控，及时处置电网异常。

深化"三道防线"核查整改，持续推进继电保护、稳控装置改造，低频减载装置核查，推进220kV线路保护光纤化率达标，提升应急处置能力。推进县级应急预案修编和基干分队建设，完善应急装备配备。针对性开展大面积停电、黑启动演习，探索建设应急管理培训及演练中心，常态化开展应急能力评估。

三、深化设备精益运维管理

设备可靠是电网安全的基础，要坚持把设备质量作为百年大计来抓。深化设备精益运维，健全精益化评价、考评工作机制。强化关键设备巡视、维护，实施输电通道属地管理和差异化运维，推进电缆专业运维管理。

强化设备质量管理，完善物资质量检测中心建设，强化规划设计、招标采购、生产供货、监造抽检、建设运行等资产全寿命周期管理。

加强隐患常态治理，强化全过程技术监督。健全隐患排查治理机制，深化老旧设备、消防、防误、三跨、电缆、直供小区等方面的隐患排查治理。

推进科学技术应用，完善作业风险管控系统等信息平台，加快推进一键顺控操作，提升配网自动化水平，提高带电检测和故障诊断水平。推广电网工程装配式建设。加大新兴安全技术装备投入。

四、严格安全管理制度落实

管理制度是本质安全的保障，制度的生命力在于执行。深化"3+1"安全体系建设，持续完善安全保证体系、安全保障体系、安全监督体系和安全一体化考核的安全工作机制，部门各负其责、齐抓共管，推进安全管理体系高效有序运转。

强化责任落实，严格贯彻《地方党政领导干部安全生产责任制规定》，落实安全责任清单、到岗到位等规章制度。开展领导干部安全述职，发挥各专业安全生产委员会协调沟通机制，积极推动解决跨专业、跨部门的安全生产重点、难点问题。

强化安全监督，持续开展安全巡查，定期开展安全工作评价，严格实施安全分级约谈制度。分管生产领导要用 60% 的时间和精力，到基层作业现场、供电所、分包队伍，全覆盖开展精准稽查、爱心稽查。

强化安全奖惩，将安全违章、事故等情况纳入干部考核、评先评优、薪酬激励等工作中。发生四级责任性人身事件，责任领导 18 个月内不得晋升或重用，责任单位 12 个月内不得向上级推荐提拔重用干部。发生六级及以上事件的严重违章人员 12 个月内不得参加评先评优。

不断探索先进管理方式方法。突出文化引领，运用科技支撑，践行本质安全。深化安全文化建设，推进鄂电"安全你我他"文化落地，深化标准化安全作业建设，以文化引领实际工作，树立正确安全价值理念，规范安全行为习惯，提升本质安全源动力。优化生产生活环境，深化"党员身边无违章""青安先锋"等活动，以"我的班组·我的家"活动为载体，持续深化班组"五小"建设，共建和谐家园。

各方联动齐抓安全，加强与地方政府、社会机构的沟通联系，在防外力破坏、消防、应急、新居配建设等方面实现互联互通，共同构建安全生产大环境。坚持科技创新实践，推进虚拟现实（virtual reality，VR）、云计算、物联网等新技术应用，应用先进、适用的安全技术和装备，集中人才、资金等有限资源进行课题攻关，推动安全科技转换为安全保障能力。

县级供电公司面对新电改的探索和思考

2015年3月15日，中共中央、国务院发布《关于进一步深化电力体制改革的若干意见》（中发〔2015〕9号）。随后，国家发展改革委、能源局陆续发布了相关政策、意见，提出网运分开，主辅分离，放开经营性电价，大用户直购电，收取过网费，增量配电业务放开，售电侧有序放开等电力改革意见。湖北等七个省区已纳入改革试点范围，多家售电公司已在地方挂牌。2015年11月30日，经报国务院同意，国家发展改革委、能源局联合发布了新一轮电力体制改革的六份配套文件，包括《关于推进输配电价改革的实施意见》《关于推进电力市场建设的实施意见》《关于电力交易机构组建和规范运行的实施意见》《关于有序放开发用电计划的实施意见》《关于推进售电侧改革的实施意见》《关于加强和规范燃煤自备电厂监督管理的指导意见》，表明我国新一轮电力体制改革进入全面试点、有序推进的阶段。

六份配套文件之一的《关于推进售电侧改革的实施意见》，按照《关于进一步深化电力体制改革的若干意见》的思路，明确提出向社会资本开放售电业务。

参与竞争的售电主体可分为三类：第一类是电网企业的售电公司；第二类是社会资本投资的增量配电网，拥有配电网运营权的售电公司；第三类是独立的售电公司，不拥有配电网运营权，不承担保底供电服务。力图多途径培育售电侧市场竞争，赋予用户更多的选择权，提升售电服务质量和用户用能水平。这标志着我国传统的电网公司单一售电模式将被打破。

对县级供电公司，新电改带来了三个方面压力：丧失优质电力客户压力、主辅分离后多经企业生存与人员分流稳定的压力和售电公司竞争压力。同时，带来三个方面机遇：优化电力资产结构和资源配置机遇；电价改革，不仅惠民，而且有利于增供扩销机遇；有利于集中精力发展主业，减轻电力企业压力机遇。

县级供电公司作为供电企业基层的组织，几乎是县域唯一供电者，拥有完整的向用户提供报装、计量、抄表、维修等各类供电服务的能力，也拥有着客户的大数据资源。在变革的时代，既要服从党和国家大局的部署，又要为自身发展营造和谐的内外环境，抓住机遇，顺势而为，迎接挑战，创新发展，续写辉煌的电力工业发展新篇章。笔者认为应在以下五个方面开展工作。

一、建设一流坚强电网

依据《中华人民共和国电力法》规定，县供电公司以行政区划为界，直接为经营区域内客户提供电力供应。在国家电网"一强三优"的战略发展目标下，县级供电公司战略核心业务依然是建设一流坚强电网，提供可靠供电。县级电网应按照省市公司电网规划、城乡规划、经济发展纲要、气象、电子地理信息地图等资料，梳理故障分析和运行分析等电网分析、电网运行环境等历史数据，对县域电网进行科学布局。

一是要坚持统一规划、统一标准，着力解决电网薄弱问题，提高供电能力和供电可靠性。要推动装备提升与科技创新，应用智能电网研究成果，提升电网信息化、智能化水平。要积极推进电网发展方式转变，合理引导和吸纳可再生能源和分布式能源。形成结构合理、安全可靠、技术先进、运行灵活、经济高效的一流新型现代化电网。

二是紧抓近五年国家2万亿配电网建设改造行动计划的时代机遇。以服务全面建成小康社会，促进能源生产消费方式革命，推进新型城镇化、农业现代化和美丽乡村建设为目标。充分利用发改委《配电网建设改造行动计划（2015—2020年）》带来的机遇，建设和改造并举，用五年时间完成一流新型现代化电网的建设目标，为网运分开、售电放开提前完成基础网络构建准备。唯有如此，坚强电网才能成为县级供电公司面临售电竞争的核心竞争优势。

二、变革公司组织结构

县级供电公司主营业务有电力生产营销，辅助业务有电力设计、安装和售后，支撑机构有宣传、后勤、培训、设备修造等业务，呈大一统发展。因此也带来饱受社会诟病的垄断、用工风险、服务效率质量不高等问题，这些不良症状应当通过更加细化组织结构来改变。

在国家电网公司"三集五大"要求下，县级供电公司应以国家政策和客户需求为导向，从省市层面，建立电网主业、多经、竞争性售电业务三条纵向结构的省市集团公司。

一是输变电主营业务实现公司市县一体化，压缩层级，纵向管理到底提高效率。如电网规划运营检修等。

二是多产业部门以区划块，成立法人主体，独立核算经营，混合所有制组成各类电力安装公司、运输公司、物资公司、设备制造公司等。这些公司直接面向客户，培育品牌，以质优价廉、优质服务取胜。如电力工程设计咨询、电力工程建设维护。

三是成立以配电网络为基础的竞争性售电公司来服务本地用电客户。大力应用互联网＋用电信息采集系统为依托的双向互动平台。建设成熟的客户多渠道智能缴费系统，提供节能服务、需求侧管理服务等，将智能售电服务延伸到用电终端，培育忠诚用电客户，为参与未来售电市场竞争提前准备。

三、开发多元电力产品

配电网正在从无源电网向有源电网转变，但县级供电公司的核心产品即电力供应的可靠性、电压合格率和用电服务仍然达不到一流电网要求。随电力供应衍生的附加服务产品，在精和专上距用电客户需求尚有差距。为此，县级供电公司在提供可靠、合格电力产品供应上应做到：

第一，加快配网设施建设。在电网结构、设备增容布点上提高供电能力。在管理上加强电网监控运维，消除隐患，降低事故停电概率。在电网新技术上，运用如配电管理系统、智能负荷控制管理系统、故障定位技术、带电作业技术等提高供电可靠性。

第二，开发衍生电力服务产品。依托运营大数据支撑，细分客户市场，开发售电服务、用电服务、能效服务、用电工程服务、需求侧响应、新能源服务等领域的更多电力服务产品，拓展新兴市场。如根据客户用电分析，开发电费节约产品。根据用户设备和用能方式运行诊断，开发电力能效管理产品。根据电价期货、期权，互联网＋售电，开发电力金融产品。开展分布式光伏电站运维等。

四、人才培育是核心竞争力

为迎接电力变革新挑战，人才培育是储备公司未来核心竞争力。一是向技能应用人才方向发展。广大电力员工要抓住改革时间差，借用国家电网公司学习资源平台，根据自身工作能力特点，重点是根据自己从事专业，熟练掌握电力技术知识和基础技能，成为本专业的领军人才。

二是向复合型人才方向发展。根据改革发展需求，注重融合相关电力专业，掌握互联网＋专业新技术以及电力业务发展情况，适应新电力专业、知识结构多元化的要求。

三是向智慧型人才方向发展。具备一定专业管理能力、学习基础较好的员工，要积极加入企业研发中心、院企合作智力平台，在产业合作、学术交流中成为创新型、特殊型、高端型的智慧人才。只有快速提升个人能力，才能在改革进程中立于不败之地。

五、做好新常态下的企业管理

面对改革和发展的新常态，县级供电公司打造百年老店，事业常青发展。要力戒走波浪式、忽高忽低的正弦式发展曲线。要在组织目标和员工素质的二维空间上，形成正相关的线性发展曲线。

一是以客户为导向，构建岗位责任体系，强化全员责任落实。在建立统一的岗位分类和标准岗位名录的基础上，梳理业务流程，规范制度标准，明确岗位职责，强化绩效考核，以"明责、尽责、考责、问责"为主线，落实各级责任。

二是坚持与安全生产责任制、资产经营责任制、党风廉政建设责任制同考核、同奖惩。推动岗位职责与业务流程、制度标准、绩效考核的深度融合、对应衔接，确保全员岗位责任有效落实。

基于数据驱动输电线路运维水平提升的思考

国家电网公司提出加快推进泛在电力物联网建设，构建"三型两网、世界一流"的战略目标。特别是在委内瑞拉遭遇网络攻击引发全国性大停电后，电网安全战略地位愈加凸显。因此，如何将最新的泛在电力物联网技术融入输电线路运维管理中，从而提升大电网安全运行水平成了亟待解决的问题。

一、输电线路运行可靠性现状

大电网向高智能化和高自动化快速发展，给输电线路可靠运行带来了挑战。输电线路可靠性运行主要面临以下问题：一是雨雾冰雪、雷电、小动物等自然因素和野蛮施工、违章建筑、线下焚烧等人为因素，引起输电线路跳闸频发。二是随着电力系统向智能电网方向发展，输电线路传统的事后检修、定期检修运维模式已无法满足当前的可靠供电需求。三是输电线路运维管理技术分散，各自独立，数据价值挖掘未形成合力，独立自主研发能力不足，跨界合作研发融合不深。

二、提升输电运维管理的举措

针对输电线路可靠运行所面临的问题，依托泛在电力物联网技术，以"一个平台，三大系统"形成泛在电力物联网下输电线路运维管理新模式。不需大拆大建，不需大资金投入，只是对现有系统和技术整合发挥，重新挖掘数据价值，以技术进步倒查管理流程优化，从生产力发展促进生产关系改善，以此整体提升输电线路可靠运行水平，保证大电网安全稳定供电。

（一）运用"大云物移"技术，构建泛在物联网智能运检平台

运用"大云物移"等技术，将输电线路运维技术与物联网深度融合，创建泛在物联网输电线路智能运检平台。平台依托现代物联网技术实现输电线路实时数据灵活接入、互联互通，提供数据采集、智能监测、统计分析、智能报警、交换共享及APP应用管理，并为其他平台提供数据共享融合接口。

平台还嵌入了各类电网资源和设备台账，为输电线路运维管理提供数据支撑。平台能够实时调用其他电网数据进行对比分析，快速反应，提前预判故障原因，智能报警提高缺陷检修效率。该平台的运用能够大幅提高输电线路智能化管理水平。

（二）整合碎片式技术，形成输电运维管理三大系统

输电线路已配备了功能各异的运维管理技术，但这些技术各自独立，未形成合力。通过将这些碎片式技术分类整合，形成输电线路的本体测量系统、外部感知系统和实时监控系统，如下图所示。"三大系统"与"智

能运检平台"相互契合，实现真正的"运筹帷幄之中，决胜千里之外"。

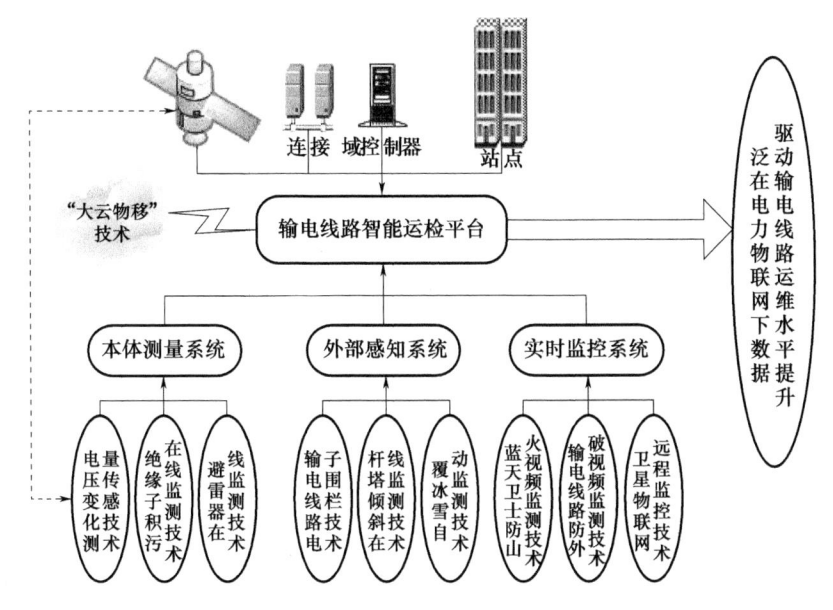

1. 整合输电线路的本体测量技术

（1）电压变化测量传感技术。通过电压变化测量传感器将采集的输电线路电压、电流等电能信号实时上传，监控中心就能对线路运行情况进行智能分析，提前预判故障，并通过输电线路纵差、高频、距离、过电流等二次保护系统提前采取防控措施。

（2）绝缘子积污在线监测技术。通过安装的泄露电流和光传感器两种测量装置，将测污传感器节点与绝缘子直接串联来测量绝缘子表面泄漏电流值。监控中心运用绝缘子积污在线监测系统，可以对表面附盐密度进行计算，获取绝缘子表面积污程度。

（3）避雷器在线监测技术。避雷器在线监测装置中电流传感器实时监测避雷器泄漏电流和动作次数，实时上传至数据采集器。数据采集器将采集的全电流、阻性电流、累计次数及环境湿度等信息发送至监控中心进行数据存储、统计和分析，发现异常时及时采取预防措施。

2. 整合输电线路的外部感知技术

（1）输电线路电子围栏技术。通过线路杆塔安装的电子围栏主机和脉冲电子围栏，当有异物入侵引起断路或短路时，主机接收不到脉冲信号就会发出报警，并上传至监控中心。电子围栏系统备有报警接口，能与其他安防系统联动，提高系统的安全防范等级。如三一重工的全球客户管理系统，每台泵车均安装了GPS、传感器和控制器。当泵车靠近输电线路引发电子围栏告警时，GPS能准确判断位置，视频监控系统能实时上传图像进行风险分析，控制中心能远程闭锁吊车，提前消除风险。

（2）杆塔倾斜在线监测技术。高压输电线路杆塔倾斜在线监测系统是通过杆塔安装的倾斜传感器，将采集到的杆塔横向倾斜、纵向倾斜、复合倾斜等数据发送到监控中心。监控中心对状态参数进行数据存储、显示和统计，并结合杆塔自身设计参数进行分析，完成杆塔倾斜的多参数预警功能，及时判断杆塔倾斜的发展趋势，是矿井采空区及雨水较多地区进行在线监测的一种有效手段。

（3）覆冰雪自动监测技术。通过易覆冰区域铁塔上安装的覆冰雪自动监测装置，采用准确的监测分析方法和实用的数学模型，对恶劣环境高压输电线路的覆冰情况进行在线监测，适时检测一个垂直档距单元内等值覆冰厚度的变化，对比线路设计标准，为后台提供预警值。装置还能对现场的覆冰情况进行拍照，将照片、环境参数通过无线网络上传至监控中心，随时掌握线路的覆冰情况。

3. 整合输电线路的实时监控技术

（1）"蓝天卫士"防山火视频监测技术。利用图像视频手段、火焰探测技术和红外辐射探测技术对目标进行监视、精确定位、环境温度和红外辐射探测，可及时发现没有被全部遮挡的明火和暗火。一旦发生火灾，装置将自动报警，并将数据上传到监控中心，同时触发短信告警通知救援人员，避免发生火灾。如蓝天卫士秸秆焚烧智能预警探测系统。

（2）输电线路防外力破坏视频监测技术。通过视频识别方式全天候在线监测输电线路走廊危险点，有效对外力破坏点进行实时监控，对异常情况进行智能分析，及时将突发情况上传至监控中心并自动告警。运维人员在监控中心就能掌握现场情况并采取有效措施，减少现场巡视频次，及时将事故消灭在萌芽状态。如输电线路防外力破坏智能视频监测系统。

（3）卫星物联网远程监控技术。通过卫星的定位、通信等功能，建立野外输电设施监测终端。现场智能终端接入卫星通信信道，将监测数据上传至监控中心。当发生抢修、救援、灾害时，系统能有效解决恶劣环境的远程监控、数据通信、定位等难题，提高事故修复能力、救援及时性和供电可靠性。如基于卫星物联网的输变电设施远程监控系统。

三、效果预期

（1）实时感知和提前预判，消除故障于萌芽状态，提升输电线路的运维效能。如过去人工巡视5km线路约为2h，现在通过人工智能平台，几分钟就能对这段线路完成采集、分析、判断，运维质量和效率大幅提升，对隐患进行及时准确的干预和提前消除缺陷，防止隐患向事故发展，大大降低了输电线路的跳闸率。

（2）远程监控和智能巡检，优化人员结构配置和运维方式，节省了大量人力、物力和财力。如220kV架空输电线路运维成本从5406元/km降为2650元/km，运维成本大幅度下降，大大提升了输电运维管理整体效能。

（3）跨界融合，实现大数据互联互通和社会共享。传统的线路巡视人员转变为后台监控人员，手动记录、望远镜巡线的传统运维方式转变为无人机、移动终端的智能运维方式。输电运维技术与物联网深度融合，培养出大量复合型人才，创造了新的人工智能类岗位。大电网的新业态、新局面为智能电网的高速发展奠定了坚实基础。

运用波士顿矩阵法保持党员干部的纯洁性

国有企业党员领导干部掌握国家资源的处置权，掌握企业的经营决策权，掌握企业员工的管理权乃至他们的生存状态和生命质量，是党的形象代表和政策实践代表，必须保持其纯洁性。

笔者引入了波士顿矩阵的概念，设想构建一种适用于党员领导干部的波士顿矩阵，依据党员干部工作、学习状态的组合，把职业生涯期划分为四种类型，并针对不同类型，采取不同的人才成长策略，从而促进党员干部队伍建设水平的提升，保持党员干部的纯洁性。

一、基于波士顿矩阵分析党员干部类型

运用波士顿矩阵模型的基本原理，选用个人工作力和学习力两个条件为维度，依据高低强弱组合，将党员领导干部的波士顿矩阵划分为四大区域，形成"瘦狗型""问题型""金牛型"和"明星型"四种不同类型的党员干部职业生涯，如下图所示。

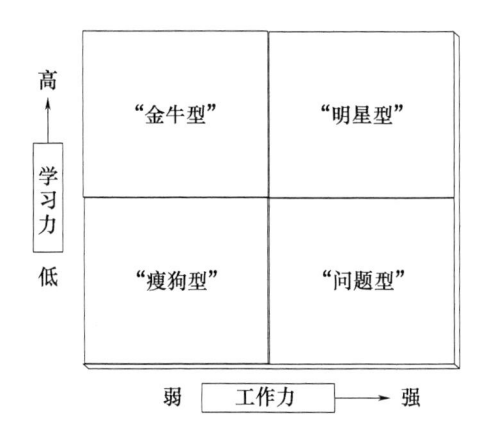

```
高↑
│          ┌─────────┬─────────┐
│          │ "金牛型" │ "明星型" │
学习力     ├─────────┼─────────┤
│          │ "瘦狗型" │ "问题型" │
低         └─────────┴─────────┘
             弱  工作力 → 强
```

（1）"瘦狗型"党员干部：是指学习力和工作力一般的党员干部群体。他们表现平庸，无功亦无过，不思进取或碌碌无为，界于称职与不称职边缘的状态。出现这类状况的原因，一是素质能力在外因作用下表现的本质上的问题。二是常年在单一岗位或者辅助岗位工作，是沉睡或搁置的人才。三是人生观、世界观、价值观的取向不明。

（2）"问题型"党员干部：是指工作能力强、学习力相对较弱的党员干部群体。他们已进入人生的成熟期，工作能力达到较高的水平，但工作激情和进取精神逐渐消退。出现这类状况的原因：一是因年龄、身体、家庭等私人问题导致精神不振。二是同一岗位工作时间较长，工作上曾经付出很多，很有成就感。觉得贡献够了，但晋升空间有限，价值取向偏差，养成惰性。三是岗位不匹配或工作出现过重大失误，精神上受到打击，责任心不强，意志逐渐消退。

（3）"金牛型"党员干部：是指具有较高的学习力和求知欲，想干事、能干事，愿望强烈，工作富有积极性、主动性，但在干成事、取得实际成效方面还值得期待的党员干部群体。出现这类状况的原因，一是由于新提拔、轮岗交流等原因走上新的领导岗位，岗位培养、岗位锻炼工作时间较短。二是干部、企业、岗位三者不匹配，未能取得预期的效果。

（4）"明星型"党员干部：是指学习力和工作实践能力都比较强的党员干部群体。他们已经具备了一定的地位名望和物质基础。工作能力强，精力充沛，有理想，有激情，有创新能力，可塑性强，成长进步的空间大。他们的目标已不满足传统的晋升、加薪。更多的是做事业，获得心理的成就感，发展上更依赖人际互助和在职体验。"明星型"党员干部多为高级领导或单位主要负责人等。

二、运用分析结果提出保持党员干部纯洁性的对策建议

针对四种不同类型的党员干部提出的对策建议如下图所示。

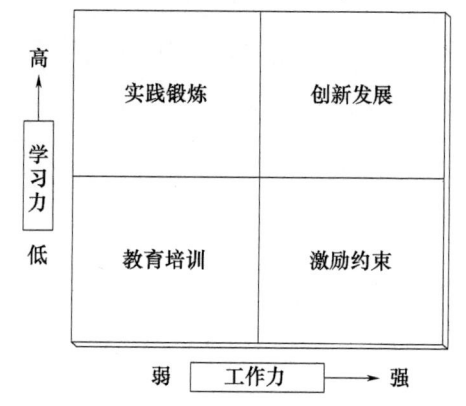

高 ↑	实践锻炼	创新发展
学习力		
低	教育培训	激励约束
	弱　工作力　→　强	

（1）加强教育培训，提升学识修养水平，保持党员干部思想纯洁。对于"瘦狗型"党员干部，应以思想转变为主要培训内容。重点开展政治理论修养和道德纪律修养教育培训，真正做到思想第一。

1）搭建理论学习平台。依托高级管理人员研修班、科级干部轮训、远程教育、党委中心组学习、党支部三会一课、网上党校、网络政工等平台。落实省公司规定的学习计划、学习制度、学习评价体系。采取集中培训、分期轮训、外出学习等多种形式，邀请专家讲授党史，学习中国特色社会主义理论体系、电力行业发展趋势和热点问题、"两个一流""三集五大"等战略部署和改革举措，引导党员干部把握正确的政治方向。

2）开办主题互动平台。开办"红领讲坛""学习成就未来"等平台，进行理论研讨，认真贯彻落实《国家电网公司员工行为规范》和《国家电网公司员工守

则》，培育党员干部正确的"三观"价值取向。开办理想信念教育活动平台。组织历史纪念日游览革命圣地，参观革命纪念馆，学习先进模范时代精神等。编印公司先进典型事迹册，开展"我身边的共产党员"征文、演讲、学习成果展示，建职工书屋并开展读书活动。开办公司发展形势教育平台。制作公司改革动态，工作信息读本，讲清公司发展的重点任务、重大举措。开展群众性文化活动，建设特色鲜明的企业文化。

（2）加强激励约束，提升组织管理能力，保持党员干部勤政廉洁。对于"问题型"党员干部，关键是运用激励约束管理手段，促使党员干部做勤政廉洁表率。

1）强化干部约束监管。定期开展正面示范教育、警示教育和岗位廉政教育活动，通过看警示教育片、举行廉政专题讲座、参观监狱、诫勉谈话、亲情助廉等，树立党员干部腐败零容忍的文化反腐理念。

2）加强业务管控机制。制定"三重一大"决策实施细则，针对新一轮农网改造、业扩报装、资金运作、工程建设等工作，建立健全资金管理、财务核算和审批监督制度，建立健全工程建设项目招投标、物资采购和调配管理制度。构筑反腐倡廉全员"一岗双责体系"。

3）加强廉政监督。推进"廉政责任提示"，开展廉政考试，建立群众新闻举报、网络反腐、召开座谈会、开展民主测评、建立廉政档案等，深化协同监督机制。严格执行领导干部反腐倡廉问责制度、责任追究制度，加大查办案件力度，以反腐倡廉的实际成果震慑腐败行为，引导党员干部坚守精神家园，保持清正廉洁的本色。

4）建立激励导向机制。薪酬激励就是完善薪酬激励机制、优化绩效管理系统，在收入分配、福利待遇及其他物质利益方面给予重奖。精神激励给面子，即表彰表扬，立功受奖、评劳模、选先进，颁奖杯、树典型、立榜样。岗位激励给位子，即给职称、给职务。强化"四好"领导班子建设，建立规范的考核晋升体系，使党员干部有更多的成长机会和参与决策机会。建立岗位动态升降机制，打破领导岗位终身制。通过持续激励机制，给党员干部提供工作的根本动力和持久的工作激情，保持党员干部勤政为民，勤恳为官。

（3）加强实践锻炼，提升知行合一能力，保持党员干部作风纯洁。对于"金牛型"党员干部，重点要进行实践锻炼，提升运用理论指导解决各种复杂问题的工作能力。

1）保持奋进担责精神。个人要有攻必求克的精神状态，要有真抓实干的拼搏精神，要有坚忍不拔的顽强毅力。在组织方面，要政策连续，责任明确，严格考核，奖惩兑现，营造和睦环境，创造工作条件，如配备性格互补的班子成员或搭档。建立个人命名的工作室、班、队等。安排科技攻关项目、质量控制课题。予以经费、物资保障。

2）努力实践知行合一。在个人方面，要言能明其意，笔能成其文，行能成其事。在组织方面，建议单位不定期组织党员干部现场观摩学习、实地考察调研、短期驻点实践锻炼。建立科级、处级干部"一帮一"跟踪帮扶制度，班子成员之间结对互助。结合学历水平、工作经历和专业特长，实行基层单位之间和各部门之间的横向轮岗交流，开展不同层次、不同环境、不同岗位大练兵。建立机关和基层纵向交流机制，有计划地安排党员干部到基层一线、复杂环境和关键岗位摔打锤炼。

（4）加强自我完善，提升创新发展能力，保持党员干部境界纯洁。对于"明星型"党员干部，重点从坚定信念、开拓创新、发挥潜能、自我修炼着手，做一名真正的共产党人。

1）境界修炼。一是要真正大力弘扬"努力超越、追求卓越"的企业精神。认真践行创先争优，推进"你用电，我用心"行动。落实"三个十条"社会服务承诺，使诚信责任创新奉献的核心价值观在岗位中体现。二是树立科学的世界观和方法论，不断学习更新。了解历史、立足现实、前瞻未来；善于总结、善于提炼、善于升华。三是锤炼自身品德，加强内在修养。把境界纯洁作为一种人生态度、一种神圣职责、一种精神追求，真正做到在大是大非面前头脑清醒，在大风大浪面前立场坚定，在各种诱惑面前经得起考验。说真话，鼓真劲，做实事，收实效，做一名真我的共产党人。

2）创新发展。一是有创新的意识和勇气。要打破固有的思维定式。要有不甘人后、敬业尽职的使命感，克服缩手缩脚、求稳怕乱、患得患失的缺点。二是岗位创新。牢固树立"我是国家电网人"的观念，把心思用在主动思考和落实解决本岗位问题的具体措施上。立足现实资源，借势着力，小步快走地解决当前困难，激发明星型党员干部的潜能和创造力，实现岗位目标任务。三是实干创新。树立岗位创新目标，埋头苦干，真干不难，坚强执行，形成并巩固与建设"一强三优"现代公司相适应的行为方式。

「杂 谈 篇」

标准化作业应当成为员工的职业习惯

2013年,习近平总书记亲赴青岛"11·22"事故现场指导抢险救援,强调"发展决不能以牺牲人的生命为代价,这必须作为一条不可逾越的红线"。

电网企业历来高度重视安全生产工作,制定了一系列规程制度,但安全事故仍时有发生。纵观事故发生成因,多数是由人的习惯性违章、不规范操作造成的。实践证明,当一个人长期保持规范的、标准的安全行为,久而久之,这些安全行为就会成为习惯,工作中就能自觉地按标准执行,安全就有保障。因此,推进标准化作业促进员工养成良好的职业习惯,是行之有效的安全治本之策。

一、建机制

播撒标准化作业习惯的种子。种子的优劣决定后期成长。标准化作业指导书就是开展标准化作业的基础。制定完善的、可操作性强的各岗位标准化作业指导书(卡),规范作业程序与行为。对已执行的作业指导书要组织员工学习分析,并根据电网运行过程中人员、设备、环境和管理等因素的变化持续改进,使之与生产现场相适应。当然，实施标准化作业也不能以规范为由，设立过多环节、步骤，增加限制，防止过度标准化，将标准化作业搞成形式主义、官僚主义，让员工产生烦琐和抵触心理。

二、强意识

点亮标准化作业习惯的心灯。思想是行动的先导。标准化作业只有得到广大员工的内心认同，方能自觉践行。通过培训，强化标准就是安全作风和纪律的意识，使员工充分认识到标准化作业是个人业务技术和职业道德素质的具体表现。把标准化作业作为安全分析的专题内容，找出其中存在的问题，由下至上共同剖析原因，并采取措施予以纠正，让标准化作业入脑入心。经常组织员工分析各类事故中违反标准化作业的因素及带来的危害，从反面警示员工，时刻保持对标准化作业的敬畏心。

三、严执行

锻造标准化作业习惯的力量。长期的坚持、严格的把关、严肃的考评，是促进员工养成标准化作业职业习惯的重要保证。以创建标准化作业现场为载体，从作业现场勘查、申报工作计划、办理工作票、布置安全措施、召开班前会、施工作业、召开班后会等每一项具体作业步骤上严格把关。运用良好的管理机制激励约束，将标准化作业作为判断员工爱岗敬业的一面镜子，纳入评价考核，成为员工职业生涯发展中必不可少的一部分。开展点面结合树典型，以星星之火可以燎原的态势，统筹整合各方面资源，锻造一支想安全、会安全、能安全的标准化安全作业的重要力量。

满意为标、适可为准。襄阳供电公司不断推动标准化作业成为全体员工的职业习惯，引领员工安全行为，进一步夯实安全基础，筑牢安全防线，为建设具有中国特色国际领先的能源互联网企业提供强有力的安全保障。

浅谈如何进行安全反思

安全是企业立业之本，发展之基，幸福之源。开展安全反思活动是供电公司预防事故发生的有效工作方法之一。但在基层班组安全事故反思活动中，部分基层员工汲取安全事故教训的安全反思角度不同，从而产生了截然不同的反思效果。因此，开展好安全反思活动必须选准角度，对安全生产中的每一次行为和每一项工作进行回想和预想。

一、安全事故不会在我身上发生的角度

部门领导表现在思想上是找客观因素多。部分领导的发言及其潜意识普遍认为，基层班组的事情多，人难管，权力小，管不住，责任大，得罪人。还有领导竟然认为违章太普遍，处罚过重，不利于工作，造成安全管理失之于宽、失之于软。表现在组织行为上是组织职工反思学习照本宣科、照搬照转，提出的安全工作要求不能结合基层实际，缺乏针对性和可操作性。工作流程节点不清，人员动向失控。安全压力没有有效传递到基层、传递到每一位员工。

员工表现在个人思想上就会有侥幸、冒险的心理。例如以"我干了多年工作，未出任何安全事故，事多时间紧，优质服务的要求高"等为借口，放松严格执行安全规定的侥幸心理。表现在个人行为上是有章不循、嫌麻烦、图省事。例如有些工作负责人在工作中，不仅不履行安全监护职责，而且带头违章作业。通过询问违章当事人了解到，他们对标准的安全生产流程是清楚的。为什么不按安全要求做？他们的回答竟然是"10分钟的事照安全程序，2个小时都完不成"，存在怕麻烦心理而放松对安全制度的严格执行。

通过开展安全反思发现，执行不力、有禁不止、违章频发的原因都是工作人员站在"安全事故不会在我身上发生"的角度去开展工作。

二、假如我发生了安全事故的角度

部门领导首先应在思想上找主观因素。虽然客观因素是存在的、不可避免的，但是部门领导应在各项工作中查找自己未尽职尽责的地方，积极克服或改变一些客观事物，使安全工作朝好的方向发展。部门领导在组织行为上应认真贯彻执行上级要求和规章规程。奉行方法总比困难多的理念，不找任何借口，创造条件、创新方法完成工作任务。例如积极组织安全全员反思活动，到基层督导检查活动开展情况等。在某供电所，襄阳供电公司进行安全反思检查时发现，临近中午下班时间，电工组六名同志在电工组长的带领下，正在认真对安全事故写反思材料。

员工体现在维护公司集体利益的责任和行动上。如某供电所的农电工周某某在休息时间发现有人在10kV线路电力设施保护区内施工，可能形成重大隐患，随后立即向上级汇报，避免了可能发生的人身事故和隐患。

站在已经发生事故的角度开展安全工作的部门和个人，体现了对工作的责任担当和严谨的安全工作作风，无论是安全工作成绩还是个人安全保障均获得较好的效果。

三、安全反思要选准角度开展双想：回想和预想

通过上述分析，开展好安全反思活动和安全各项工作，确保安全生产稳定的工作局面，必须站在已经发生事故的角度对安全生产中的每一次行为和每一项工作进行回想和预想。

站在已经发生事故的角度进行反思，组织和个人在思想认识上就会多找主观少找客观。行动上就会多执行少借口，就会切实加强组织领导，逐级落实责任，层层传递压力，坚持更加严格的要求，落实更加严厉的措施，发扬更加严谨的作风，强化安全管理，遏制各类事故发生，确保电网安全稳定运行。

反思的具体做法就是对安全生产中的每一次行为和每一项工作进行回想和预想。

回想是对已经完成的工作轨迹进行回放，查找不足，制定防范措施，运用在下一步的工作中，做到拾遗补阙。例如党委书记岗位，在安全生产工作中需要改进的地方有：一是要经常下基层去掌握干部职工思想动态。二是要深入了解基层工作方式方法，到基层检查不能轻描淡写、蜻蜓点水。三是要对基层的问题及时提供指导意见或人财物的实际支持，不能让基层孤军奋战。四是要求多，具体指导少，基层并未真正了解上级的安全意图和做法，加上基层的事物繁杂造成执行力差和落实不力的表象，需要进一步加强沟通交流。

预想是对即将开展的工作超前谋划，精心组织，有的放矢，对已经发生的事故采取措施，避免重复发生。对新问题、新情况要做出新判断、采取新办法，确保安全工作万无一失。例如安全工作预想或预防措施如下：

（1）加大遵规守矩安全意识培养。开展技能实训，培养良好的动手能力。管理人员开展深层次安全理论学习，做到知其所以然。基层部门做好安全演练，做到简单化、重复化、标准化。使职工具有自我保护意识，从要安全向会安全、能安全转变。

（2）加大安全稽查人员的稽查频数。增加安全稽查人员，加大对班组的安全

稽查。要求大型工作必须全程监管，严禁蜻蜓点水。每月要有一定数量处罚单。领导每月带队检查至少一次。对稽查情况开展网上公示。

（3）加大违章行为处罚力度。认真落实规程制度，发现的违章必须处罚，以三铁反三违。使严格执行规章制度成为一线员工的自觉行为。

（4）加大一线关键岗位的绩效奖励。运用员工绩效考核系统，开展绩效考核，出勤、技能和专项奖相结合，拉开奖励差距。建立安全奖励基金，树立安全正向激励理念。

（5）加大深入基层具体指导力度。包点领导、机关部室要定期深入站所，一事一议，具体指导。既要传达督办上级任务，更要解释上级的意图和做法。在人财物上予以支持，让基层感受到上级的有力支持和坚强后盾，增强安全工作的信心。

追 尾

气象台预报，今天气温骤降并迎来2010年末首场降雪。也许是"猫冬"的缘故，22:00我就早早地蜷缩在被窝中……

一条沥青发白的两车道山路，伴着几十厘米高的灰色混泥土防撞墙，我在一边高山、一边悬崖峭壁的山腰间连续弯道下坡。我的小车右门擦着混凝土防撞墙冒着烟，剧烈颠簸，车速随着坡度越来越快，刹车也完全没有，我的心提到了嗓子眼儿，眼看就要翻车。

我突然惊醒，原来是南柯一梦。唉，近几日大家都在议论单位同事错把油门当刹车的一起交通事故，搞得我日有所思，夜有所梦。

我看看窗外，天色刚刚露出鱼肚白，路灯还亮着。想想母亲常常嘱咐的"早起三光，晚起三慌"的箴言。7点，我提前一个半小时，开着行驶不到5000公里的黑色自动挡新车，向40公里外的单位而去。我是一名有20年工龄的安全生产工作者。但因车祸惊梦，一路上驾车小心谨慎，不超速，不越线，会车"眨眼"，看准超车。路上两个熙熙攘攘的早集，危险的岔口、弯道，学校进出的路口都安全通过，终于到了距单位不远的最后一个红绿灯路口。前面停着一辆白得发黄的130单排小货车，车后厢板上的黄泥星星点点，凹槽灰尘蒙蒙，白黄色的车厢板遍布块块锈迹。车后下方有一根用褐色钢管自制的后保险杠。红绿灯处路面有一点儿上坡度，为防止货车起步向后滑动撞到我的新车，我将车停在距小货车5米外。

红灯只有30秒，车在D挡，我脚踩刹车板等待。右驾驶台上有两张少儿英语的蓝色积分卡片，这是女儿英语课的答题奖励。我伸手够着摸过来，准备放入储物箱保管起来。此时我发现车向前动了一点儿，赶紧踩刹车停住。就在我低头将两张卡片放入储物箱的瞬间，"砰"的一声，抬头一望，我的新车已经和破烂的小货车后厢贴在一起，追尾了。真是安全行车千万里，事故就在一两米，阴沟里翻了船。

我让小货车司机将车挪开，只见保险杠上有半个巴掌大的油漆花，估计打打车蜡就能盖住。虽然问题不大，但毕竟是新车，我亦心疼不已。穿着起毛的黄褐夹克、头发杂乱的小货车司机讪讪地说，还好车没事。追尾责任在己，扯皮掉自己面子，我赶紧让小货车司机一走了事。

塞翁失马，焉知祸福。此次追尾让我联想到，电力安全生产必须按计划工作，集中精力，遵守操作规程，有人监护。其实生活不也是这么个道理！

最美在传递

一、具体问题描述

湖北省谷城县地处鄂西北武当山南麓。西与房县毗邻，北与丹江口市、老河口市相连。总面积 2553km^2，人口 55 万。谷城县供电公司 2015 年售电量 9.03 亿 kWh。设 7 个职能部室，2 个业务支撑机构，下设 9 个乡镇供电所。因地域和人文环境、经济发展水平、员工和设备差异，各供电所在安全生产、经营指标、优质服务等方面发展不平衡，表现为线路跳闸率高、线损率高、服务投诉高、用工不规范等。存在这些问题的根本原因是站所的人心不顺，动力不足，缺乏凝聚力。如何培育一支团结拼搏队伍，是县级供电公司一项急迫的重要工作。

二、解决问题的思路和方法

1. 用品牌资源弘扬"正能量"

充分利用"争做最美国网人"品牌建设落地要求。结合五山供电所曾经荣获

"中国最美供电所"的称号，在谷城县供电公司确定以"最美在传递"为题，把五山供电所的先进管理经验传递到其他供电所，引导干部员工争做"最美国网人"在供电所落地，如下图所示。深化"践行社会主义核心价值观"实践，进一步凝聚人心、鼓舞士气，推进企业科学发展。

2. 以文化活动凝聚人心

以"最美在传递"文化品牌推广为主题，充分结合供电所日常建设工作，与服务联系，与管理联系，与员工联系。通过文化活动，全面提升基层一线员工对企业文化的认知力和感受力，进而形成凝聚力和向心力，充分发挥企业文化在强化管理、规范行为、促进发展中的重要作用，构建"以德润心、以文化人、和衷共济"的工作格局。

3. 以365工作法推进"最美在传递"活动开展

"最美在传递"365工作法主要围绕三个理念：美在形象、美在管理先进、美在满园春色。实现六有展示：有方案可循、有现场可看、有故事可听、有资料可查、有特色可学、有成果可享。搭建五小载体：打造"小故事""小典型""小活动""小创新""小团队"五个诠释平台。推进"最美在传递"活动在九个供电所开展，做到"一月一亮点""一所一品牌"。

三、解决问题的实践过程描述

1. 提供组织保障

成立谷城县供电公司"最美在传递"活动领导小组。领导小组下设办公室，办公室设在思想政治工作部。日常工作由思想政治工作部统一组织协调，制定活动方案。督促供电所特色方案实施并纳入考核。每次传递活动做到现场有标语、有红旗，人员统一着装。有固化传递路线图、传递手册、传递交接仪式、品牌活动方案等内容。

2. 建立"一所一品牌"

开展"最美在传递"活动，每个供电所都结合地域特点，确定品牌如下：紫金供电所，最美护线小天使；五山供电所，"美丽乡村"党员服务队；检修建设工区，最美电网安全卫士；庙滩供电所，班组专业化建设；茨河供电所，军企共建；客户服务中心，最美营业窗口；调控中心，最美调度员；筑阳供电所，最美报修直通车；北河供电所，最美标准化作业现场；盛康供电所，村电共建；石花供电所，先锋论坛；冷集供电所，最美职工小家。以下选择五个案例来详细阐述。

【案例1】紫金供电所：最美护线小天使

按照线路属地化管理要求，结合过境线路多、地形地貌复杂、电力设施保护工作任务繁重等实际情况，紫金供电所量身打造了"最美在传递"之"最美护线小天使"品牌。紫金供电所与紫金镇官坊中心小学联合，每年春季到学校评选10~20名"小天使"。电力工作人员现场向"护线小天使"讲授电力杆塔、线路结构及电力设施保护相关基本常识。"小天使"们把电力设施保护、安全用电常识等宣传资料发放到村民手中。"最美护线小天使"活动，既让学生学习到电力知识，又通过学生辐射到学生家庭，提高群众的电力设施保护意识。自开展活动以来，"护线小天使"及时发现110kV线路基础山体滑坡、导线异物、树障等重大隐患三处。

【案例2】五山供电所："美丽乡村"党员服务队

五山是生态茶乡，每年"玉皇剑"茶园春季开园仪式在五山茶坛隆重举行。"美丽乡村"党员服务队很早来到保电现场，对供电线路进行巡视排查，现场安装柴油发电机对茶园春季开园仪式供电实行"双保险"。采茶季节，他们对茶园内的谐振式灭蚊灯进行维护和清理；对茶厂供电卡口和低电压进行治理，增加变压器，更换大截面导线。这些举措使电力充足，茶农改用电能替代煤柴炒茶，促进了五山美丽乡村建设。2014年，五山供电所以综合成绩第一名荣获管理先进单位称号。

【案例3】检修建设工区：最美电网安全卫士

检修建设工区是电网安全经济运行的直接责任者。通过"最美电网安全卫士"活动，做表率，比贡献。一是学习革命烈士精神。在黄山垭革命烈士纪念碑前，党员们缅怀烈士们的丰功伟绩，向烈士们鞠躬致敬并献鲜花，树立不畏困难、勇往奋进的精神。二是开展护线活动，党员们向群众发放电力设施保护及安全用电常识的宣传资料，并对线路进行跟踪巡线，对重点区域进行火源监管。建立特种车辆台账，与政府、公安等联动防外力破坏事故发生，做名副其实的电网安全卫士。2015年，检修建设工区成功创建四个"零缺陷"35kV变电站。

【案例4】庙滩供电所：班组专业化建设

因为诸多原因，庙滩供电所辖区配网薄弱、管理粗放、绩效不佳，已成为历任供电所主任面临的共同难题。特别是谷城县供电公司开展月度综合考核排序以来，庙滩供电所一直垫底，是就这样按部就班、波澜不兴？还是寻找出路突出

"重围"？

庙滩供电所到兄弟单位学习取经，并通过各种途径搜集相关的资料信息，制定了《庙滩供电所班组专业化建设试点工作实施方案》。完善各个工种的岗位职责，并根据谷城县供电公司绩效考核办法对本单位的考核再进行有针对性的细分。把原来的四个电工组进行撤并，重新设置综合班、线损计量班、营业班、运维班等四个班组，并对人员进行重新调整。通过班组专业化建设，员工工作热情得到充分调动，呈现出积极向上的精神风貌。特别是实行考勤制以后，所有的派工一律实行派工单制度，但大家都没有一丝怨言并一致认为，作为单位员工没有理由不遵守制度，因为没有规矩不成方圆。庙滩供电所在谷城县供电公司2015年月度综合考评时，实现连续四个月第一名。

【案例5】茨河供电所：军企共建

茨河镇有多个军队驻地，为借用军事化管理来提升供电所管理水平，茨河供电所提出"军企共建"活动。活动内容包括爱国主义教育、中低压线路巡视、部队走访、参观营房、观看廉政教育片等。党员们沿着一条羊肠小道步行来到红石岩爱国主义教育基地，学习了红石岩抗战事迹，党员代表敬献了亲手采摘的山间小花，表达对烈士们深切的怀念和崇高的敬意。在庄严的红石岩抗日遗址纪念碑下，面向鲜红的党旗，全体党员重温入党誓词。巡线途中的每根电杆下，队员们都仔细观察杆基是否牢固，拉线是否有松动，线路上是否存在树木超高隐患，线路走廊是否有障碍物，配电变压器是否漏油等，并在巡视记录上及时记录。途经村组时，还组织工作人员对居民家中的电表箱和闸刀进行"体检"，帮助村民排查用电隐患。茨河供电所内按照军事管理要求，例如车辆物资划线定制摆放，值班室被褥叠成豆腐块，统一着装列队开展标准化作业等。通过"最美在传递"之"军企共建"，茨河供电所全体人员形成齐心协力、不畏困难、勇于攻坚、务期必成的精神，站所面貌发生质的变化。

四、对实践过程的思考和对效果的评价

"最美在传递"活动充分发挥品牌的辐射效应,做好"三个结合",加强文化在供电所的渗透力和影响力,达到"一月一亮点""一所一品牌"的预期成效。

一是与供电所日常工作相结合。将"最美在传递"活动融入工作各个环节。把活动作为基础管理的重要组成部分来抓,完善制度,明确责任,制定措施。加大站所基础投入,完善考核考评机制,推动供电所标准化、规范化建设,有效强化和巩固供电所管理效益。

二是与班组建设工作相结合。"最美在传递"活动的基础平台是班组,活动主体为班组成员,因此在活动内容上以"最美在传递"活动在班组的融入和渗透为重点,以员工的广泛参与为保证。通过收集宣传最美员工故事,年底评选最美国网人等,推动"最美在传递"活动在班组全面贯穿。

三是与企业文化建设相结合。构建和谐氛围,以"五统一"的企业文化建设为载体,推动员工共同遵守企业价值理念,增强员工的归属感和责任感。各单位通过标语、标识、宣传栏、多媒体等营造强烈的活动氛围,以文化带动人,认真组织实施,真正达到"一月一亮点""一所一品牌",逐渐形成积极、团结、阳光、和谐的工作环境,为谷城县供电公司发展营造良好的工作氛围,培育一支团结拼搏的队伍。

"最美在传递"活动的开展实现了公司管理水平和服务能力再提升。五山、紫金、庙滩、茨河供电所在安全生产、经营管理、优质服务、班组建设、人员精神面貌等方面都发生了巨大变化,并荣获2015年"示范和谐小家"。谷城县供电公司获湖北省电力有限公司2014年先进县级供电企业称号、襄阳供电公司年度最佳文明单位、安全生产红旗单位、谷城县行评优秀单位。实现了"美在形象""美在管理先进""美在满园春色"的工作目标。

治标更要治本

近些年来，南漳县供电公司（以下简称公司）的生产管理精益化，供电所建设标准化，多经市场开拓，党群融入中心工作等各项工作取得一定成绩，并获得各级领导和兄弟单位的肯定。但公司管理者也要清醒地认识到，这些成绩是治标取得的成绩，均表现在点上，是公司集中力量，突击完成，并未形成片、面，未形成涟漪示范效应，未能建立起有利于公司发展的长效机制。工作进入了治标与治本的相持阶段。如果公司管理者的工作不向治本纵深推进，治标的成绩就会出现反复，职工的凝聚力就会分散，战斗力就会下降，公司党委的号召力就会减弱，公司的发展就会受到影响。因此，公司当前的工作阶段，就是进一步坚持打基础，利长远，坚持标本兼治，重在治本的转换阶段，将各项工作向管理规范化、精益化纵深推进的过渡阶段。

向治本推进，公司干部员工必然面临能力是否不足的考验，精神是否懈怠的考验，工作作风是否务实的考验。面对考验，公司管理者的工作思路和方法就是认清形势，加强调研，理性思考，真抓实干，形成符合公司发展需要的思路和做法。

思路就是出路，确立一个好的思路，是事业的基础，也是凝聚人心、激励奋进的动力。从实际情况来看，越是发展快的公司，那里的干部越是思路清晰，讲起来头头是道，干起来浑身是劲，越干越想干，越干越会干，越干越敢干；越是发展慢的部门，那里的干部越是怨天尤人，往往越慢越困难，越困难越慢。向治本推进就是要在工作上有新思路，在岗位上有新作为。要深入实际调查研究，不断深化对工作的认识，找准结合点和突破口，用宽广的眼界思考问题，将管理精益化向纵深推进。

向治本推进，必然靠公司的干部员工共同努力解决。依靠干部队伍力量，就是要发挥干部的主观能动性，增强执行力。好的思路，要靠真抓实干来落实。抓落实，就是要敢于直面具体问题，具体困难，具体抓，抓具体；就是要敢于迎着困难上，顶着压力干。哪个地方都有压力，哪个地方都有困难。大有大难，小有小难，富有富难，穷有穷难。公司要学会在激烈的竞争中发展。实践告诉人们，什么事等条件具备了才干，什么事也干不成，大干小难，小干大难，不干真难，真干不难。

向治本推进，必然会触及深层次的矛盾。这些矛盾的解决，必然靠发展解决。治本就是实现公司的规范管理、精益管理。管理上台阶，公司必然发展，公司发展必然会解决可靠供电、优质服务等方面的问题，必然会解决广大员工切身利益的问题。规范工作就会管理轻松，必然为公司的科学发展、可持续发展打下坚实的基础，公司的长远利益就会得到保障。

龙蟒输电线路工程的收获

"推上花361刀闸、合上花36开关"随着工作人员完工的报告，南漳龙蟒磷制品有限责任公司（以下简称龙蟒公司）35kV输电线路工程一次送电成功。

在中国共产党"七一"生日来临之际，南漳供电人用龙蟒输电线路工程项目的竣工送电，是向党献礼，更是收获自我加压、百折不挠、密切配合、战之必胜的精神成果。

一、自我加压是工作的不竭动力

4.88亿kWh是南漳县供电公司年售电量激励指标。龙蟒公司分管生产副总经理说："只要一通电，我公司就能实现24h生产，届时，负荷将从现在的3000kW升至1.6万kW，截至2011年年底，预计可为南漳县供电公司增加3000万kWh的电量。"

"调试人员不到位，招标物资不到货，树障清理未完成……龙蟒输电线路工程'七一'送电不可能。"工程施工人员说。

诸多的困难和压力，是南漳供电人的工作动力。南漳县供电公司党委审时度势，自念紧箍咒，贯彻"提前一分钟，多送一度电"的理念，科学安排，将工程提前到2011年6月30日送电。登高一呼，应者云集。变电部主任加入二次接线安装队伍。工程部主任为了改变人力运输材料上山的速度，硬是修了一条上山机动车路。党员干部身先士卒，率先垂范，铁塔一基一基矗立起来，开关柜一面一面拼起来，节点项目一个一个完成。

二、百折不挠是攻坚克难的方法

龙蟒输电线路五号铁塔在一座险峻的高山上，人力根本无法搬运大重型设备材料，工程一时受阻。面对如此特殊情况，工程部施工人员纷纷建言献策，并从旅游景区的缆车索道中得到启发，依靠5号与6号铁塔之间的地形高差，建滑索道，进行飞降运输。利用滑轮，自制"铁吊桶"把物资材料从6号铁塔位稳稳地飞降到5号铁塔位。

"滑索道，搞飞降，办法总比困难多。"一位工友擦着汗水感慨道。

你不唱罢，我就登场。在35kV龙蟒变电站，龙蟒公司负责的土建工程多次滞后，严重影响电气施工工期。变电部一改往日土建清场后再进行电气安装的做法，及时跟进，土建完成到哪里，电气部分就在哪里进场，在严密的安全措施保护下，交叉实施安装。物资不能按期到货，就到兄弟单位借用。电缆部分不能施工就进行二次部分安装。施工人员到了工地就要有事做。龙蟒公司工程部负责人感慨道："干事就要学习供电公司拼抢精神。"

三、密切配合是工作的一件法宝

"龙蟒输电工程送电有什么问题，我来协调。"南漳供电公司客服中心主任说。生产技术部、计量中心、输电部等部门积极抽调人员，加班加点审查竣工资料，召开工程验收协调会，签订供用电合同，原本五天的工作量仅用两天完成。

"4号铁塔线下有一棵超高杨树需清理。"南漳县供电公司输配电主任在医院仍用电话通报龙蟒输电工程线路信息。在线路清树障现场，城关供电所主任亲自到场，组织属地工作人员来协调树木栽种人，及时清除7号铁塔线下的30多棵超高树木。

密切配合，各尽其责，相关部门一个也不能少。车队调集送电所需各类车辆，后勤服务公司送来矿泉水，食堂送来可口的晚餐，新闻工作部门现场采风，鼓舞斗志。

四、战之必胜是工作的坚定信念

龙蟒公司已投资2.5亿元的磷酸盐制品项目，每秒钟贷款利息五角钱。在烘干车间，7台500kW的烘干炉在等电，投资四百多万元的碎取机在等电，全部生产线在等电。

为确保南漳县最大招商引资工程项目——龙蟒磷酸盐制品生产线提前生产，南漳县供电公司成立龙蟒输电工程项目组，采用节点控制计划，每周现场督办协调。施工部门成立党员突击队，九比九争在工地，分别在110kV花庄变电站、输电线路、35kV龙蟒变电站多个现场同时开工。龙蟒公司总经理说："供电公司提前47天送电，相当于我们增加9600万元的产值。"

龙蟒输变电工程投产送电，再次证明战之必胜是南漳供电人工作的坚定信念，再次证明南漳供电人是一支特别能吃苦、特别能战斗、特别能奉献的队伍。南漳县副县长在视察龙蟒工地时说："供电公司是一支能打硬仗的队伍，在服务县域经济发展上做出了重要贡献。"

凤雏故里引凤来

一座印有飞凤图案，立柱坡檐呈汉唐建筑风格的220kV变电站，栖息在凤雏故里。

凤雏故里位于湖北襄阳庞公祠，是三国时期襄阳名士庞统故宅。庞统号"凤雏"，博学多才，在当时与"卧龙"诸葛亮齐名。司马微说："卧龙凤雏，得其一者可安天下。"岁月悠悠，三面环江的凤雏故里，以其天赋异禀之势，于2019年初迎来了发展的新机遇，襄阳市政府提出，加快建设庞公新区，打造文化创新之城、绿色生态之城、美好生活之城。自此，昔日楚人问鼎中原路，千年沧桑的凤舞宝地，步入历史发展的涅槃黄金期。

城市要发展，电力必先行。筑巢引凤的电力规划设计人用楚人"筚路蓝缕、以启山林"的精神，超前谋虑电力设施布局。面对文化、生态之城的定位，传统枢纽型变电站的两进两出的四回220kV输电线路将跨越3km宽的汉江，施工难度，站内配套电气设备投资陡增，室外架构、多层控制室占据大量土地资源，显然不符合新区建设要求。结合城市远景规划，电力设计人充分调研、多方问计，将枢纽型改为终端型变电站，四回输电线路改为两回，巍巍铁塔银线改为入地电缆，为美好生活之城留出美丽天际线；将室外多层布置的变电站设计成电气设备及二次系统大平层集中布置的户内式变电站，大幅降低投资的同时，占地面积亦从40余亩压减至10亩左右，为绿色生态之城腾出宝贵的土地空间。2019年11月，220kV庞公变电站成功获批。2021年3月，礼花齐鸣、万众瞩目，变电站从美丽蓝图向现实画卷的建设号角吹响了。

蓝图到实景，物资是保障。开拓进取的电力物资人用楚人"不服周"的精神，统筹谋划、科学安排，再现电力"物资"速度。变电站主变压器按照终期24万kVA设计，是襄阳市目前单体自重最大变压器。面对这个庞然大物，他们统筹制造商，大件运输公司，海事、交管、公路等行政部门，利用电力物流服务平台（ELP）实时监控设备运输路径、运输位置、预警等信息，协调防疫期间通行工作，护航单体重达174t的主变压器，从宁波港出发，经东海、长江、公路，15天的海陆联运，在变压器基座上按时安全交付。

极致追求中精益求精，敢为人先中追求卓越。勇于创新的电力建设者传承楚人"不鸣则已，一鸣惊人"的文化，通过一个个解决问题的金点子，开发出一项项新装置，练就电力人一身实干巧干的硬本领，体现出电力建设者的智慧。针对长72m、宽9m的变电站地下室电缆布置方案，项目部经理说："设计图只画几根线，标注电气设备电缆从地下室进行连接。但地下室电缆布置究竟如何分层、分压、防火、防碰，还要留出巡检通道，施工方便，电气设施给人以美感，就是考验电力建设者的智慧了。"

结合电气设备大平层布置和施工区域集中特点，首次采用塔吊代替吊车进行土建和钢结构安装，静压桩机械化施工，研发智能电源箱，深化智慧工地平台的应用，省工提效保安全；雾炮机喷淋、一体化车辆冲洗装置降尘、太阳能灯具、重复使用的集装箱办公室、装配式围墙等实现节能节材绿色建造。

"经检测，施工现场洁净度已达标，作业人员请进入内棚，准备开工。"工作负责人一声令下，当天 110kV GIS 安装作业开始了。GIS 施工对环境有很高的要求，必须干燥无尘。为了严控施工质量，项目部研发一体化环境监测处理装置，搭设恒温恒湿、半透明的防尘膜正压洁净棚，实现 GIS 无尘化安装。5 名施工人员和 1 名技术员经过风淋室，换上全套无尘洁净服，再进入洁净棚开始作业。有限的空间内，他们熟练工作，套入螺母、定位连杆、安装固定金具……一个 GIS 母线仓逐渐成形。"棚内空气洁净度高，像负离子森林，很舒服，大伙都愿意进棚内工作。"工作负责人笑着说。

一项项新工艺、一个个新技术让"国家电网公司现代智慧标杆工地""国家电网公司安全管理五好示范工地""国家电网公司绿色建造示范工程"等花落凤雏故里，这些美誉是对电力建设者不断创新的最好褒奖。

栽好梧桐树，自有凤来栖。电力速度，电力智慧，电力人拼抢实的作风在凤雏新区建设中的率先起舞，引来国投金融中心、庞公滨江生态商务区（EBD）等 15 个项目 395 亿元的投资。如今的凤雏故里"山水融城、文风雅韵"，"飞舞金凤凰"的变电站，像城市用能心脏，泵送强大的电流点燃故里璀璨星空，和鸣天际。

凤雏好风日，留醉向未来。